テキスト
初等社会科

佐藤 浩樹　原口 美貴子　菊地 達夫　山口 幸男
編 著

学文社

<執筆者>

佐藤　浩樹	神戸女子大学准教授		
	［まえがき，1章3節，2章3節，3章1・2・4節，4章1節］		
山口　幸男	群馬大学名誉教授	［1章1・2節，4章4節］	
原口美貴子	白鷗大学講師(非)・育英大学講師(非)	［2章1節，4章5節］	
菊地　達夫	北翔大学短期大学部教授	［2章2節］	
田村　徳至	信州大学准教授	［2章4節］	
小林　禎	高崎市立片岡中学校教諭	［3章3節］	
桑原　正孝	日本女子大学附属豊明小学校教諭	［4章2節］	
谷田部喜博	群馬大学教育学部附属小学校教諭	［4章3節］	

(執筆順)

まえがき

　本書は，2020年度より全面実施される小学校学習指導要領（平成29年告示）に対応した小学校社会科教員養成用テキストとして編集されたものである。本書は，前半で小学校社会科教育の本質論と社会科各分野の基礎的内容，後半で小学校社会科授業づくりの基礎，小学校社会科の授業実践，学習指導案作成などを取り上げている。小学校社会科についてコンパクトにまとめられ，本書1冊で小学校社会科教育を学ぶことができる内容となっている。

　本書は，単なる学習指導要領の解説書ではなく，平成29年版学習指導要領の趣旨，目標や内容に対応しつつ，執筆者の専門性を生かした特色あるテキストをめざした。社会についての正しい認識・理解を通して公民としての資質・能力の基礎を育成するという社会科教育の本質をふまえ，学問的なレベルを担保しながらも，社会科を専門としない小学校教員免許取得希望の学生が十分に内容を理解できるような，平易で読みやすいテキストが完成できた。本書をきっかけに社会科教育に関心をもち，さらに探究を進めてもらえるならばうれしく思う。

　グローバル化，情報化が進展し，少子高齢化が深刻化するなど，世界・社会が大きく変化する現代において，社会のなかで生きる力を培う社会科教育の役割はさらに重要になっている。しかし，社会科授業は小学生にとって必ずしも有用であると意識されていない現状がある。本書で社会科教育のあり方，内容，方法を学んだ学生が小学校教師となり，子どもたちが「社会科の授業が楽しい」「社会科の授業はためになる」と感じるような授業が全国で展開されることを期待している。

　最後に，編者の方々，分担執筆者の方々，本書刊行の機会を与えていただいた学文社および編集担当の二村和樹氏に厚く御礼申し上げます。

　　　令和元（2019）年7月

編者代表　　佐藤　浩樹

目　次

まえがき

第1章　社会科の本質　　1
第1節　社会科（小学校）の歴史　1
第2節　社会科の本質・目標　7
第3節　社会科の内容構成　12

第2章　社会科の内容　　20
第1節　地域学習・郷土学習　20
第2節　地理的学習　30
第3節　歴史的学習　41
第4節　公民的学習　53

第3章　社会科の学習指導論　　65
第1節　社会科の学習過程　65
第2節　社会科の学習形態と学習活動　73
第3節　社会科におけるICTの活用　81
第4節　社会科の評価　87

第4章　社会科授業づくりと実践　　95
第1節　社会科授業づくりと学習指導案の作成　95
第2節　中学年の社会科授業実践　100
第3節　高学年の社会科授業実践　108
第4節　社会科教育と道徳教育―郷土愛を例に―　117
第5節　社会科と「社会に開かれた教育課程」　122

参考文献　129
資　料　平成29年版小学校学習指導要領（抄）　131
索　引　147

第1章

社会科の本質

第1節 社会科（小学校）の歴史

[1] 社会科の発足―児童中心主義の社会科，問題解決学習の社会科―

わが国の社会科は第二次世界大戦後の1947（昭和22）年5月発行の「学習指導要領社会科編Ⅰ」と，6月発行の「同Ⅱ」をもって発足した（Ⅰは小学校編，Ⅱは中学校・高等学校編である）。戦前には，地理，歴史，法政，公民，修身など今日の社会科の内容に関連する教科はあったが，「社会科」という教科は存在しなかった。終戦直前のいわゆる戦時中においては，広領域教科として「国民科」が誕生し，形としては戦後の社会科と同じ形態をとっていた。終戦後，GHQ（連合国軍総司令部）の占領政策のなかで，戦前・戦時中の軍国主義的，超国家主義的な教育が否定され，また，戦後制定された日本国憲法の理念をふまえ，戦前の地理，歴史，政治・経済，修身的な教育内容をどのように編成していくのかが大きな課題となっていた。そのとき，第一次アメリカ教育視察団報告書（昭和21年4月）のなかに教授法の事例として示されていた Social Studies（社会研究）に示唆を受けて，1947（昭和22）年5月に「社会科」という教科が誕生する。

昭和22年版小学校学習指導要領は社会科の本質について次のように述べている。

> 今度新しく設けられた社会科の任務は，青少年に社会生活を理解させ，その進展に力を致す態度や能力を養うものである。…社会科はいわゆる学問の系統によらず，青少年の現実生活の社会的経験を広め，また深めようとするものである。したがってそれは，従来の教科の寄せ集めや総合ではない。

ここには，社会科は青少年の生活経験を重視し，学問の系統によるものでは

ないこと（総合社会科）が明確に示されている。

学習方法は「問題解決学習」であった。子どもの日常社会生活における切実な問題を単元として組織し，学習のなかでその解決をはかるものである。代表的な活動方法として「ごっこ学習」が盛んに行われた。

小学校社会科学習指導要領の問題（単元）の一部を示せば次のようである。

第二学年
　問題一　世の中になれるには私たちはどうすればよいか。
　問題二　私たちはどうしたら健康で安全でいられるか。
　問題六　手紙を送ったり受け取ったりするには，私たちはどうするか。
　問題七　私たちはどうしたら楽しい時間が過ごせるか。
第五学年
　問題一　私たちはどのように勉強すればよいか。
　問題四　現代の産業はいかにして発達してきたか。
　問題七　外国人との交際はどのようにして行われるのか。
　問題九　国家の統治にはどんな施設が必要か。
第六学年
　問題六　工場生産は，どこにどのように，発達するか。
　問題八　世界中の人々が仲良くするには私たちはどうすればよいか。

当時のアメリカ合衆国では子どもの生活経験を重視する経験主義教育，問題解決学習が盛んであった。日本の小学校社会科が参考としたものはコアカリキュラム的性格をもつバージニア州のカリキュラム（バージニアプラン）であったため，最初の社会科学習指導要領は，今日の社会科よりもはるかに幅広い内容，例えば生活指導的なもの，道徳教育的な内容をも含んでいた。そこで，1951（昭和26）年の第1次改訂において日本の社会・社会科の実状に合うように改訂された。ただし，社会科の基本的な性格については大きな変更はなかった。

昭和20年代の社会科のことを「初期社会科」と呼ぶことが多い。これは，時期的に初期であったということだけでなく，子どもの生活経験の重視，総合社会科，問題解決学習，経験主義教育としての社会科という社会科の1つの理念を意味するものである。後の時代において，「初期社会科に学べ」などといわ

れるのはそのためである。

2 第2次改訂および第3次改訂—系統主義的な社会科へ

　1951（昭和26）年，サンフランシスコ対日講和条約が締結され，日本は独立を回復した。これを受けて，1955（昭和30）年，急遽，社会科だけが改訂された（第2次改訂）。そして，1958（昭和33）年には全教科が改訂される（社会科は第3次改訂）。

　第2次改訂，第3次改訂の大きな特色は，系統主義的な社会科という性格が加わったことである。当時の経験主義的・問題解決学習的社会科に対しては，「地理，歴史の基礎知識の欠如」「政治，経済など国家・社会の根本問題の扱いが不十分」という批判が強く出され，「はいまわる社会科」という社会科を揶揄した表現も広まっていた。

　これより少し前の昭和20年代後半には，勝田・梅根論争などの社会科論争が活発に展開された。これはある意味では，系統主義と経験主義の論争ともいえるもので，結論的には，これまでの経験主義中心の社会科を修正して，系統主義的要素も取り入れる方向に舵がきられた。その結果，小学校社会科5年では地理的内容を，6年では歴史的内容をある程度まとまって学習するようになり，中学校は総合社会科から分野別社会科という分化社会科となった。この時期，文部省は社会科を解体する方向を示したが，多くの民間教育団体（社会科問題協議会）などが強く反対し，社会科は存続することになった。以後，「子どもの生活経験」に加えて，地理，歴史などの系統性（学問的系統）を加えた社会科となる。

　昭和33年版学習指導要領で「道徳の時間」が特設された結果，道徳的な内容は社会科から除外されることとなった。このことと，前述の系統主義への傾斜，学歴社会・受験競争時代への突入などとが相まって，社会科は知識を中心とする教科（悪くいえば暗記主義の社会科）という性格が強まっていった。

　また，昭和22年版，26年版学習指導要領にみられた「試案」という文字が，

昭和30年版学習指導要領からはなくなった。

3 第4次改訂―教育の現代化，科学主義の社会科―

　1957年のソ連の人工衛星スプートニクの打ち上げは，アメリカに衝撃（スプートニクショック）を与え，それまでの「子ども中心」のカリキュラムに代わって，「科学主義，学問中心」のカリキュラムが志向された。しかも，学問・科学の知識・内容ではなく，学問・科学の構造，基本概念を重視するものであった。その理論的支柱となったのがブルーナーの『教育の過程』である。すでに系統性を取り入れていたわが国の社会科もその影響を受け，学問・科学の構造・概念を重視するようになる。これらの動きは教育の現代化，構造化などと呼ばれた。

　これらを受けて，1968（昭和43）年の第4次改訂では2つの点の改善がなされた。第一は，学問的系統性が強まった結果，社会科としての統合性が崩れる危険性が出てきたため，社会科の目標を明確化することによって，社会科としての統合性を確保しようとしたことである。すなわち，目標に「国家・社会の形成者として必要な公民的資質の基礎を養う」と，「公民的資質」という文言を明記することにした。以後，「公民的資質」は今日に至るまで，社会科の最も本質的な概念となっている。第二は，知識中心，暗記中心になりがちな社会科の是正である。系統性が強まった結果，知識中心，暗記中心という傾向がみられ，また，情報化社会の到来によって，多量の情報が世に溢れ，それらを追っていくことが困難となり，さらに，学歴社会の到来が知識・暗記中心に拍車をかけた。このような事態を改善するために，内容の精選と能力の育成が重視され，目標(4)に能力目標が新設された。資料活用能力，観察力，思考力，判断力などの能力の重視である。この種の能力だけでなく，上記したように学問の構造・基本概念を志向する観点から，見方・考え方（地理的見方・考え方など）が重視されていった。これらの能力や見方・考え方を重視することにより，知識中心になりがちな社会科の是正をはかろうとしたのである。

4 第5次改訂―教育の人間化―

　ベトナム戦争敗戦という事態を受け，アメリカでは科学主義・学問中心の教育に対する反省が起こり，人間主義，人間中心のカリキュラムへと移行する。これを受けてわが国においても教育の人間化が志向され，1977（昭和52）年に第5次改訂がなされる。学習内容の人間化として「科学・学問」に代わって「人間」「価値・感情・態度」が重視され，学習方法面での人間化として，学習者主体の学習方法が重視され，問題解決的学習，作業的・体験的学習などが注目された。教育の人間化は，昭和20年代の初期社会科に近い性格をもつものともいえる。高等学校社会科の改訂（昭和53年）では教科目標として「公民的資質」がうたわれることになり，「公民的資質」を根本概念とする小・中・高等学校一貫の社会科が確立することになった。

5 第6次改訂―社会科解体の方向―

　初期社会科的性格を部分的に取り入れつつあった社会科であったが，1989（平成元）年の第6次改訂では一転して重大局面を迎える。すなわち，小学校低学年社会科の廃止（「生活科」の誕生），高校社会科の解体である。これにより，社会科は小学校第3～6学年，中学校第1～3学年の7つの学年のみの教科となってしまった。

　この時期は，国際化，情報化，高齢化などが急速に進展し，社会の変化に対応する教育が求められた。とくに，国際化への対応が重視され，公民的資質を中心概念とする社会科ではその対応が十分にできないという理由で高校社会科が解体され，「地理歴史科」と「公民科」の2つの教科に編成された。いっぽう，小学校社会科については，戦後社会科の発足以来，低学年社会科存廃論が展開されてきたが，低学年の発達段階では社会についての認識を育成することはむずかしいという理由により，低学年社会科が廃止された。これ以後，生活科と社会科との接続・関連が課題となっていく。

　社会科では国際化への対応が不十分という批判に対して，小学校社会科では

総括的目標文に「国際社会に生きる…」という文言を加えて対応した。

6 第7次改訂―生きる力，学び方―

1998（平成10）年の第7次改訂では，「ゆとり」のなかで，自ら学び自ら考える「生きる力」の育成を基本におくという方針のもとに，内容を厳選し，学び方を学ぶ学習，広くいえば方法知の学習が重視されるようになる。この背景としては，学校週5日制の実施，「総合的な学習の時間」の新設などにより，各教科の時数が大幅に縮減されたことがある。社会科の総時数は平成元年版学習指導要領の420時間から，平成10年版学習指導要領の350時間へと大きく減少した。そのあおりを受け，小学校の3年と4年がまとめて示されるという事態にもなった。学習内容が削減され，事例的扱い，選択的扱いが多くなり，必然的に，学び方を学ぶ学習，方法知の学習が重視された。

7 第8次改訂―基礎・基本，防災学習，社会参画―

総時数の縮減や学び方学習の重視に対しては，基礎・基本の知識の学習が疎かになるという批判があった。2008年の平成20年版学習指導要領では，社会科の総時数は365時間と若干ではあるが増加し，日本の都道府県名や世界の大陸・海洋名などの基礎的知識に関する内容が新たに設けられた。阪神・淡路大震災，東日本大震災などの災害をうけ，自然災害，防災に関する学習が取り上げられた。社会参画という視点が導入されたことも大きな特徴で，これにより社会科学習と地域社会・実社会との結びつきが強まったことは公民的資質を育成する社会科にとって注目すべきことである。

8 第9次改訂―資質・能力の3つの柱，社会的見方・考え方―

これまで社会科の目標・内容は，「知識・理解」「能力」「態度」の3つの観点から示されてきたが，第9次改訂の平成29年版学習指導要領では，新たに「知識及び技能」「思考力・判断力・表現力等」「学びに向かう力・人間性等」

といった3つの柱で示されるようになった。これまでのものと基本的には変わりはないが、微妙に変化している。また、総括的目標は「公民的な資質・能力の基礎の育成」となった。これも従来の「公民的資質」と基本的には変わりないものの、「能力」という文言が入ったことが特徴で、これに関連して、「社会的見方・考え方」が強調された。そして、この社会的見方・考え方とは社会を捉える際の視点・方法であることが明確に示された。この意味で、平成29年版学習指導要領は能力中心、見方・考え方中心、視点・方法中心の社会科といえよう。第4次改訂の科学主義・学問中心の社会科、第7次改訂の学び方を学ぶ社会科の系譜を引き継ぐものといえる。

内容的には、現在の社会変化の特徴をふまえ、グローバル化、持続可能な社会、人口問題（人口減少、少子高齢化）、防災、国土（領土）などが重視された。

学習方法的には、「主体的・対話的で深い学び」が強調された点が大きな特徴といえる。当初は「アクティブ・ラーニング」と呼ばれていたものが改称されたものである。また、ICTの活用が推奨されている。

平成29年版学習指導要領の社会科総時数は平成20年版学習指導要領と同じ365時間である。にもかかわらず、社会科学習指導要領の総頁数は6頁から12頁と大幅に増加し、解説書「社会編」の総頁数も107頁から154頁と大幅に増えている。このことは、学習指導要領の指示が詳細にわたるようになったことを示すとともに、平成29年版学習指導要領がそれまでとは異なる新しい目標・内容・方法を包含するようになったことを意味しているようにも思われる。

第2節　社会科の本質・目標

1　社会科の存立根拠

人間は一人では生きていけない。人間は、家族社会、地域社会、産業社会、国家社会、民族社会、国際社会、グローバル社会、文化的趣味的社会など、なんらかの社会集団のなかで生きていかなければならない存在、すなわち社会的

存在である。それゆえ，人間がよりよく生きていくためには，これらの社会についての正しい認識が必要であり，ここに「社会」というものを学習する根拠の1つがある。しかし認識というレベルだけでは十分ではない。社会を構成しているのは一人ひとりの人間であり，一人ひとりの人間が社会をつくっていくというところに目を向けることが大切である。社会のなかでよりよく生きていくために，そして社会を一層発展させていくために，人間はほかの人々や社会とどのようにかかわっていくのか，といった社会的な態度・行動面にまで視野を広げることが大切である。この人間とはいうまでもなく学習している自分自身のことでもある。社会的な態度・行動を身につけることは，人間が生きていくうえで最も大事なことの1つであり，これが「社会」を学習する一層重要な根拠といえる。

人間は，社会集団のなかで生きていかなければならない社会を構成する一員としての存在であるとともに，その社会集団を創っていく存在でもある。これが人間および人間社会の存在の根源的事実である。ここに，学校教育において「社会」を学習する根拠があり，それゆえ，「社会科」という教科が設定されているのである。

2 社会科の目標

以上から，社会科の目標は第一に，社会についての正しい認識を育成することであり，第二に，人間が，そして自分自身が社会とどのようにかかわっていくのか，社会の発展にどのように貢献していくのかという態度の形成である。第一の認識面については，認識の内容だけでなく，認識の方法面も重要視されるようになり，それは能力面ともいわれている。したがって，社会科の目標は，認識，能力，態度の3側面から捉えられる。このうち，認識面と能力面は知的側面である。そして，最も大事なことは知的側面と態度的側面を分離することなく，両者を統一的に形成していくところに社会科教育の本質があるということである。

このことを，2017年の平成29年版学習指導要領の記述からみてみよう。小学校社会科の総括的目標は「社会的な見方・考え方を働かせ，課題を追究したり解決したりする活動を通して，グローバル化する国際社会に主体的に生きる平和で民主的な国家及び社会の形成者に必要な公民としての資質・能力の基礎を次の通り育成することを目指す」となっている。「グローバル化する国際社会に主体的に生きる平和で民主的な国家及び社会の形成者に必要な公民としての資質・能力の基礎の育成」が社会科を総括する最も重要な目標である。続いて，具体的目標である以下の3点が示されている。

| ①認識内容面にあたる知識・理解面の目標 |
| ②認識方法にあたる能力面の目標 |
| ③態度的側面に関わる目標 |

　では，社会科が最終的にめざすものは何か。それは，一言でいえば，総括的目標に示された「公民としての資質・能力」の育成であり，これまで「公民的資質」の育成と呼ばれてきたものである。これこそが社会科教育の究極的目標とされているものである。

3　総合社会科

　上にふれた社会科の具体的な目標の①には，「地域や我が国の国土と地理的環境，現代社会の仕組みや働き，地域や我が国の歴史や伝統と文化を通して社会生活について理解する」とある。このことは，地理や公民や歴史の各内容を個別に系統的に学習するのではなく，それらの関連・総合を通して社会について総合的に理解することの重要性を示している。このように小学校社会科は総合社会科的性格をもつところに大きな特徴がある。これに対し，中学校社会科は地理，歴史，公民の各内容がある程度独自性をもって系統的に学習される系統主義的な分化社会科的性格をもつ社会科となっている。

4 公民的資質

「公民的資質」という概念は，1968年の昭和43年版学習指導要領において取り入れられ，以後，社会科の本質を示す概念とされ，一言でいうと，社会科は公民的資質を育成する教科であるといわれている。今般の平成29年版学習指導要領では前記のように，「公民としての資質と能力」という表現になったが，基本的には公民的資質と変わりはない。「平和で民主的な国家及び社会の形成に必要な公民…」となっているのは，いうまでもなく日本国憲法および教育基本法に基づいているものである。

さて，1969（昭和44）年の「小学校社会科指導書」（文部省）は公民的資質について次のように述べている。

> 公民的資質というのは，社会生活の上で個人に認められた権利は，これをたいせつに行使し，互いに尊重しあわねばならないこと，また，具体的な国家や地域社会の一員として，自らに課せられた各種の義務や社会的責任があることを知り，これらの理解に基づいて正しい判断や行動のできる能力や意識などをさすものといえよう。したがって，市民社会の一員としての市民，国家の成員としての国民という二つの意味を持ったことばとして理解されるべきものである。

この説明のなかで最も大切なことは，公民とは「市民」と「国民」の両方の概念を含んだ概念だということである。どちらか一方だけを偏重することは，社会科教育の本質から外れることになる。そうではあるが，さらにそれらの根底にあるものは何かということが最終的には問題となってくるはずであり，そこに社会科教育に関する最も根底的な問題が横たわっているといえよう。

5 能力目標，社会的見方・考え方

学習指導要領社会科の目標・内容は，「認識」「能力」「態度」の3側面から捉えられてきたが，平成29年版学習指導要領では「知識・技能」「思考力・判断力・表現力等」「学びに向かう力・人間性等」の3つの柱で捉えられるようになった。基本的にはこれまでのものと変わりはないが，微妙に変化している。

これらのうち，とくに強調されたのが「思考力・判断力」にかかわる「社会的見方・考え方」の重視である。

　社会的見方・考え方は，社会的事象の意味や意義，特色や相互の関連を考察したり，社会にみられる課題を把握して，その解決に向けて構想したりする際の「視点や方法（考え方）」であるとされている。そして，小学校社会科における社会的見方・考え方は「社会的事象の見方・考え方」のことで，「位置や空間的広がり，時期や時間の経過，事象や人々の相互関係などに着目して（視点），社会的事象を捉え，比較・分類したり総合したり，地域の人々や国民生活と関連づけたりすること（方法）」とされている。

6　社会科と社会諸科学

　社会科とは社会諸科学を児童生徒の発達段階に合わせてやさしく教えるものだという考え方があるが，まちがいである。社会科は学校教育のなかの教科の1つであり，人間形成を図るための教育の一分野である。社会諸科学は科学・学問であり，その目的は真理の探究，法則の樹立にある。このように社会科と社会諸科学とはその目的が明らかに異なる。何のために社会科教育を行うのかといえば，それは社会科の目標の達成を通して，子どもの人間形成を図るためである。

　では，社会科と社会諸科学とは無関係かというとそうではない。密接な関係がある。社会科の学習内容が，主として，地理学，歴史学，政治学，経済学，社会学などの内容とかかわっていることから，教師はこれら諸科学にかかわる知識・内容を十分に身につけておかなければならない。さらに，それら学問の見方・考え方，認識方法についての理解・能力も社会科教師には必要である。つまり，社会科と社会諸科学との関係は，社会科の目標という教育的観点，および子どもの発達段階という観点から，社会諸科学の内容・方法が厳しく吟味され，活用されていくという関係にある。したがって，社会科教育とは社会科学教育でも，地理学教育でも，歴史学教育でも，経済学教育でもない。

第3節　社会科の内容構成

[1] 小学校社会科のカリキュラム構成原理

　社会科の学習内容は，どのようなカリキュラム原理によって構成されているのだろうか。社会科のカリキュラムを編成するときに使われる観点としてスコープとシークエンスという考え方がある。これら2つの観点をどのような考え方によって設定するかによって小学校社会科カリキュラムの全体構造が規定されることになる。

（1）社会科の内容構成―スコープの原理―

　スコープとは，範囲・領域のことで，社会現象をいくつかの領域に分けることにより，社会現象を把握しやすく，理解しやすく，教育しやすくすることである。スコープの原理として第一にあげられるのが「社会機能法」である。社会機能法は，社会生活経験を交通，消費，教育等の社会機能に分け，それらの各機能を社会科の内容として整理していくものである。スコープに関する第二の原理は「学問体系」である。社会機能法は，初期社会科の経験主義カリキュラムにおけるスコープであり，日常の社会生活経験を分類し学習内容として組織していくので，子どもの実態に即しているという長所をもつが，日常生活経験を越える国家的・世界的な社会的事象や科学・学問が取り扱う諸問題まで視野が及ばない。そこで，系統主義の学問中心カリキュラムでは，地理学，歴史学，政治学，経済学，社会学などの学問が明らかにした知識内容を社会科の内容として組織していくことが考えられた。

　現在の小学校社会科の内容構成は，これらのスコープの原理に現代社会の諸課題を取り入れた複雑な構成であるが，中学年社会科はどちらかというと社会機能法に基づく内容構成であり，高学年社会科は学問体系に基づく内容構成になっている。

（2）同心円的拡大主義―シークエンスの原理―

　シークエンスは，配列や順次性といわれる観点で，社会科の学習内容をどの

ように学年配当したらよいかという問題のことである。シークエンスの設定はスコープの設定内容と密接な関連があるが，シークエンスの原理として知られるのが「同心円的拡大主義」である。同心円的拡大主義は，家庭・学校→学区域→市区町村→都道府県→国→世界というように，学年進行に伴って学習対象地域を順次空間的に拡大していく。身近なものほどわかりやすく，遠いものほどわかりにくいという社会理解の空間的な原理を前提としているもので，この社会理解の空間的原理が学年の発達段階と一致すると考えるものである。

アメリカのバージニアプランの影響を受けた1947（昭和22）年のわが国初の学習指導要領においては，小学校社会科カリキュラムは同心円的拡大主義ではなかったが，カリフォルニアプランの影響を受けた1948（昭和23）年の学習指導要領補説において同心円的拡大主義が取り入れられた。同心円的拡大主義は，もともとは経験主義カリキュラムにおけるシークエンスの原理であったが，昭和30年学習指導要領以降の系統主義カリキュラムにも引き継がれ，以降，今日に至るまで，大筋においては小学校社会科カリキュラムの原理として一貫して採用されている。平成元年版学習指導要領で低学年に生活科が誕生し，社会科は第3学年の学区域の様子の内容からスタートすることになったが，生活科の内容が家庭・学校や学区域の事象を扱っていることから，生活科との連続性を考えれば小学校社会科カリキュラムは同心円的拡大主義の原理に基づいているといえる。

（3）同心円的拡大主義の問題点

しかし，同心円的拡大主義に対しては，いくつかの問題点が指摘されている。最も大きな問題点は，同心円的拡大カリキュラムでは，世界・外国に関する内容が常に最後に回されてしまう点である。国際化，グローバル化，情報化が進展し，低・中学年の子どもたちの世界や外国に対して興味関心も高くなっている今日，もっと早い時期から世界・外国に関する内容を取り入れるべきであるという指摘である。

このような指摘を受けて，平成元年版学習指導要領は第3，4学年社会科の

地域学習のなかに「外国との結びつき」という内容を含めることにした。また，昭和52年版学習指導要領において社会科の時数減少に伴って第6学年社会科の世界に関する内容が大幅に削減されたが，国際化の進展に逆行という指摘から，平成元年版学習指導要領において「国際理解」単元として内容を変えて復活させた。第6学年社会科の世界にかかわる内容は，平成29年版学習指導要領まで引き継がれているが，異文化理解的な内容が縮減され国際社会の諸課題や日本の役割を学ぶ内容に重点が移されている。

　また，平成20年版学習指導要領では，第3，4学年に「47都道府県の名称と位置」の学習，第5学年に「世界の主な大陸と海洋，主な国の名称と位置」の学習が取り入れられ，平成29年版学習指導要領では第3学年で市を中心とした地域，第4学年で県を中心とした地域と学習対象地域が示され，同心円的拡大主義が明確化された。平成29年版学習指導要領は，基本的には第3，4学年が地域学習（3年が市，4年が県），第5学年が日本の国土・産業学習，第6学年が日本の政治の働きや歴史，国際理解の学習という同心円的拡大カリキュラムとなっている。同心円的拡大主義に変わる新たな社会科カリキュラムも提唱されているが確立されるに至っていないことも，同心円的拡大主義が踏襲されている理由である。

(4) グローバル化社会に対応した小学校社会科カリキュラム

　今日の社会はグローバル化が急速に進展しており，それに対応した諸外国の社会科カリキュラムもみられる。例えば，アメリカ合衆国では比較カリキュラムと呼ばれているカリキュラムが社会科に取り入れられている。これは，家族→近隣社会→地域社会…というように学習内容を拡大していくが，空間的な拡大ではなく，社会集団の拡大である点に特徴がある。そして，例えば「家族」の学習においては，アメリカ，カナダ，メキシコ，ギリシア，ガーナ，日本の6カ国の家族が取り上げられ，世界各国の家族の比較学習がなされる。続く近隣社会などの単元においても同じように扱われる。このように低学年段階から外国に関する内容が取り入れられ，比較文化学習が行われる。

また，イングランドの地理教育においては多核的同心円拡大法の原理に基づくカリキュラム構成が行われている。多核的同心円拡大法に基づくカリキュラムでは，小学校低学年段階から自分が居住する場所周辺の地域社会だけでなく，遠方であるが比較対照が比較的容易な同じスケールの地域社会を学習する構成になっている。例えば，単元「Water」は，子どもにとって身近な存在である水を題材に，砂漠，熱帯雨林，貧しい国など世界のさまざまな国や地域の水事情とそこで暮らす人々の生活について学習する構成である。

　今後，グローバル化・わが国の国際化がさらに進展したときには，低・中学年において世界の国々の様子や文化を学ぶカリキュラムが取り入れられる可能性は大きいと思われる。

2 平成29年版小学校社会科学習指導要領のカリキュラム構成原理
（1）内容構成の枠組みと学習対象

　今までは学習指導要領で明確なカリキュラム構成原理は示されていなかったが，平成29年版小学校社会科学習指導要領では，小学校社会科の内容の枠組みを，①地理的環境と人々の生活，②歴史と人々の生活，③現代社会の仕組みや働きと人々の生活（以下，①地理，②歴史，③公民）という3つの枠組みに位置づけ，①と②は空間的な広がりを念頭に地域，日本，世界と，③は社会的事象について経済・産業，政治および国際関係と対象を区分した。これは小学校社会科の現状に即して内容構成を整理したものであり，中学校との系統性・発展性が明確に示され内容構成がわかりやすくなったといえる。

　第3学年の内容は，次の4つの項目から構成され，自分たちの市を中心とした地域の社会生活を総合的に理解できるようにするとされる。

（1）身近な地域や市区町村の様子・・・・・・・・　①地理
（2）地域に見られる生産や販売の仕事・・・・・・　③公民
（3）地域の安全を守る働き・・・・・・・・・・・　③公民
（4）市の様子の移り変わり・・・・・・・・・・・　②歴史

第4学年の内容は，次の5つの項目から構成され，自分たちの県を中心とした地域の社会生活を総合的に理解できるようにするとされる。

```
（1） 都道府県の様子・・・・・・・・・・・・　①地理
（2） 人々の健康や生活環境を支える事業・・・・　③公民
（3） 自然災害から人々を守る活動・・・・・・・　③公民
（4） 県内の伝統や文化，先人の働き・・・・・・　②歴史
（5） 県内の特色ある地域の様子・・・・・・・・　①地理
```

　第5学年の内容は，次の5つの項目から構成され，日本の国土と産業の様子や特色を総合的に理解できるようにするとされる。

```
（1） 我が国の国土の様子と国民生活・・・・・・　①地理
（2） 我が国の農業や水産業における食料生産・・・　③公民
（3） 我が国の工業生産・・・・・・・・・・・・　③公民
（4） 我が国の産業と情報との関わり・・・・・・　③公民
（5） 我が国の国土の自然環境と国民生活の関わり・　①地理および③公民
```

　第6学年の内容は，次の3つの項目から構成され，日本の政治の働きや歴史，日本と関係の深い国の生活やグローバル化する国際社会におけるわが国の役割について理解できるようにするとされる。

```
（1） 我が国の政治の働き・・・・・・・・・・・　③公民
（2） 我が国の歴史上の主な事象・・・・・・・・　②歴史
（3） グローバル化する世界と日本の役割・・・・　③公民
```

　これらの項目のなかで第3学年（1）（2）および（4），第4学年（2）から（5），第5学年（1）から（4），第6学年（3）は主として区分される内容とされ，小・中学校社会科における内容の枠組みと対象が示された図によれば，先に述べた項目は副次的な内容としてほかの枠組みの内容も含むのとされている。例えば，第5学年（3）我が国の工業生産の内容は③公民（経済・産業）に中心的に位置づけられるが，工業のさかんな地域の分布の内容は①地理（日本）に，貿易や運輸の内容は③公民（国際理解）に，工業製品の改良の内容は②歴史（日本）に副次的に位置づけられている。

社会科は地理的内容，歴史的内容，公民的内容の各内容から成り立つが，地理，歴史，公民の各内容を系統的に学習することを意味するものではなく，それらを総合して社会を認識していくところに小学校社会科の特質がある。そして，これらの認識は公民的資質の育成につながっていくものでなければならない。つまり，小学校社会科は，社会的事象を総合的に捉える「総合社会科」であることが最も基本的な性格である。平成29年版学習指導要領で示された内容構成は，総合社会科としての小学校社会科の性格は変質させず，地理，歴史，公民の内容の系統性・発展性を示したカリキュラムとなっている。

　昭和22年版の学習指導要領（試案）で，「社会科は，従来の修身，公民，地理，歴史を，ただ一括して社会科という名をつけたのではない」とされたことは，現在にも通じている。地理，歴史，公民の内容区分を意識しながらも，地域社会や日本の国土，歴史，政治などの様子を総合的に捉えるという総合社会科としての視点を忘れてはならない。

（2）社会的な見方・考え方に基づいた内容構成の示し方

　平成29年版小学校社会科学習指導要領の内容構成にかかわるもう1つの特徴が，「社会的な見方・考え方」に基づいて内容構成を示したことである。「社会的な見方・考え方」とは，社会的事象の特色や意味などを考えたり，社会にみられる課題を把握してその解決に向けて社会へのかかわり方を選択・判断する際の視点や方法（考え方）であり，位置や空間的な広がり，時期や時間の経過，事象や人々の相互関係に着目して社会的事象を捉え，比較・分類したり総合したり，国民の生活と関連づけたりすることと整理される。「社会的な見方・考え方」は，思考力・判断力の育成や生きて働く知識の習得に不可欠であり，主体的に学習に取り組む態度や学習を通して涵養される自覚や愛情などにも作用することから，資質・能力全体にかかわるものである。

　そのことをふまえ，各学年の内容を「知識及び技能に関わる事項」と「思考力，判断力，表現力等に関わる事項」に分けて明確化した。例えば，第3学年の（1）「身近な地域や市区町村の様子」の内容は以下のように示されている。

> （1）身近な地域や市区町村の様子について，学習の問題を追究・解決する活動を通して，次の事項を身に付けることができるように指導する。
> 　ア．次のような知識と技能を身に付けること。
> 　　（ア）身近な地域や自分たちの市の様子を大まかに理解すること。
> 　　（イ）観察・調査したり地図などの資料で調べたりして，白地図などにまとめること。
> 　イ．次のような思考力・判断力・表現力等を身に付けること。
> 　　（ア）都道府県内における市の位置，市の地形や土地利用，交通の広がり，市役所など主な公共施設の場所と働き，古くから残る建造物の分布などに着目して，身近な地域や市の様子を捉え，場所による違いを考え，表現すること。

（3）社会の変化に対応する小学校社会科カリキュラム

現代は社会の環境が大きく変化している。新しい社会で主体的に生きる力を育むには，現代社会に対する正しい認識と実践力が必要であり，その中核を担うのは社会科である。現代社会の諸課題に対応する教育として，国際理解教育，環境教育，情報教育，消費者教育，福祉教育，人権教育，平和教育などがある。これらの教育は学校の全教育活動を通して行われるものであるが，社会科の学習内容に取り入れられ，社会科を中心に進められてきた。近年では，伝統や文化に関する教育，防災教育，金融に関する教育，法に関する教育，消費者教育，資源・エネルギー教育，キャリア教育など，現代社会の新しい諸課題に対応する教育の必要性が指摘され，社会科の学習内容にも多く取り入れられている。

平成29年版学習指導要領においても，従来からの課題について引き続き取り組んでいくとともに，現代的な諸課題をふまえる観点から，わが国や地方公共団体の政治の仕組みや働き，世界の国々とのかかわりへの関心を高めること，社会にみられる課題を把握して社会の発展を考える学習の充実を図ること，持続可能な社会づくりの観点から人口減少や地域の活性化，国土や防災安全に関する内容の充実を図ること，情報化による生活や産業の変化，産業における技術の向上の内容の充実を図ることが指摘され，各学年の具体的内容に取り入れられている。例えば，第3学年（4）「市の移り変わり」の内容では新たに「人

口」が取り上げられ，少子高齢化や地域の変化を視野に入れて，人口を取り上げる際には，少子高齢化や国際化などにふれることが示された。

　小学校社会科のカリキュラムは，同心円的拡大主義に基づいて地理的内容，歴史的内容，公民的内容で構成することを基本とし，そこに現代的な諸課題に対応する内容を取り入れる形で内容構成されているとまとめることができる。

第 2 章

社会科の内容

第 1 節　地域学習・郷土学習

1　社会科における地域

　地域という用語はきわめて多様に用いられるが，共通しているのは地表の一部分（一区画）という意味であり，小中学校区も，市区町村も，都道府県も，日本も，ヨーロッパもいずれも地域である。地域でないのは全体（地表全体）だけである。これが最広義の意味であるが，地域を最も重要な概念とする地理学においてはもっと厳密に規定され，地表の一区画で，かつそこに何らかの地域的なまとまりをもつ場所を地域と呼んでいる。このような地域を地理学では実質地域と名付け，まとまりの仕方によっては等質地域と結節地域に分ける。真の地理学的な地域，すなわち実質地域ではないが，形のうえでまとまっているのが形式地域であり，たとえば，行政区域，国家領域などの政治的区画がそれにあたる。

　以上が地理学的な地域の概念である。では，学校教育，とくに社会科教育において地域はどのように捉えられているのであろうか。小学校中学年（3，4年）の社会科学習が通称「地域学習」といわれるのは，児童が居住する市区町村や都道府県程度の範囲を主たる学習対象地域としているため，したがって，この場合の地域とは「身近な地域」のことをさしている。小学校高学年や中学

校社会科地理的分野になると,日本各地や世界各地が学習対象となり,これら各地のことを中学校地理的分野では日本の諸地域・世界の諸地域と呼んでいる(「諸地域学習」)。他方,中学校地理的分野では身近な地域に関する学習もあり,2017年の平成29年版学習指導要領におけるその単元名は「地域調査の手法」(対象地域は学校周辺),「地域の在り方」(対象地域は各学校において具体的に考察できるような適切な規模の地域,学校所在地を含む地域)である。

以上から,社会科学習においては「地域」は二通りの意味で用いられていることがわかる。1つは身近な地域の意味で,小学校社会科中学年の「地域学習」や中学校地理的分野の「地域調査の手法」「地域の在り方」がこれに該当し,もう1つは日本の各地,世界の各地という意味の地域で,小学校高学年や中学校地理的分野で扱われているものである。

2 小学校3,4年の地域学習の範囲と内容

小学校3,4年から始まる社会科では,身近な地域を意味する地域学習を行う。この場合の身近な地域とは,児童生徒の居住する市区町村および都道府県程度の範囲までをさし,学年によって取り扱う範囲は異なる。

1968年の昭和43年版学習指導要領では,3年で自市町村内,4年で自都道府県という同心円拡大的な扱いであったが,社会的事象や社会生活の空間的流動が拡大したため,3年の市町村の学習においても,他地域(市町村外)との結びつきが重視され,1977年の昭和52年版学習指導要領では,3,4年を通じて市と県を関連的に扱えるよう改訂された。地域論的にいえば形式地域という扱いから結節地域的な扱いに変わったということになる。そして,3年では主として地理的・歴史的内容,4年では主として公民的内容というように,内容面で学年を分けた。

1989年の平成元年版学習指導要領は,3年で市区町村,4年で都道府県と,同心円的扱いが復活した。また,国際化の進展により,国際的視野の育成や国際理解を深めるため社会科の目標に「国際社会に生きる」という新たな表現が

加わり，4年で県（都，道，府）内における人々の生活と外国とのかかわりが取り上げられるとともに，我が国の領土や国旗を取り扱うなど画期的な改訂がなされた。

1998年の平成10年版学習指導要領では，3，4年の目標・内容が2学年まとめて示されることとなり，3，4年の2年間がすべて地域学習になった。これは総合的な学習の時間の新設により社会科の配当時間が減じたことなどへの対応であるが，これにより2年間を見通して国内の他地域や外国とのかかわりも含めた地域の実態に基づく学習が展開できるようになった。なお，平成元年版学習指導要領4年で取り扱われたわが国の領土については5年に移行した。

2008年の平成20年版学習指導要領でも，3，4年の目標・内容は2学年まとめて示された。「県（都・道・府）の様子」の学習では，「我が国における自分たちの県の地理的位置」と「47都道府県の名称と位置」が内容に加わった。また，「自然環境，伝統や文化などの地域資源を保護・活用」という視点から，県内の特色ある地域の事例を取り上げることになった。

2017年の平成29年版学習指導要領では，改訂の基本方針の1つである「育成を目指す資質・能力の明確化」を受け，3，4年の目標と内容が再び分けて示された。また，グローバル化などへの対応を図るため，教科用図書「地図」（地図帳）の使用が3年から目標に位置づけられた。3年で自市区町村内，4年で自都道府県という同心円拡大的な扱いは従来どおりだが，3年では身近な地域や自市区町村を中心に，「都道府県における市の位置」や「他地域や外国との関わり」が取り上げられている。なお，内容の取扱いで，「身近な地域や自分たちの市」の学習は学年の導入で行うことや「自分たちの市」に重点をおくこと，「他地域や外国との関わり」を扱う際には地図帳などを使用して都道府県や国の名称と位置などを調べるようにすることが明記されている。4年では自都道府県を中心に，「我が国における自分たちの県の位置」や「47都道府県の名称と位置」が取り上げられている。また，飲料水，電気，ガスを供給する事業の学習において相互関係の見方を働かせるため「県内外の人々の協力」

が取り上げられている。なお，内容の取扱いで，「自然災害から人々を守る活動」の学習において自衛隊など国の機関とのかかわりを取り上げることや，「県内の特色ある地域の様子」の学習において国際交流に取り組んでいる地域を取り上げることが明記された。

3 「身近な地域」の教育的価値と学習のねらい

　身近な地域は，社会科教育においてなぜ重要なのであろうか。それは，身近な地域が，ほかの教材にみられない独特の教育的価値を有しているためである。第一の教育的価値は，身近な地域が児童生徒の生活経験領域であり，実践行動の場であることにある。このような性質をもつ教材・内容はほかになく，ここに，身近な地域のかけがえのない教育的価値がある。第二は，野外学習が容易に体系的に実施できる点にある。遠足や修学旅行の場でも野外学習は可能であるが，日常的に計画・実施できるのは身近な地域だけであろう。

　つぎに，身近な地域の学習のねらいについて述べよう。これは身近な地域の学習を目的概念と捉えるか，方法概念と捉えるかによって大きく異なってくる。前者は身近な地域の学習それ自体を学習の目的とするもので，そのねらいには，身近な地域についての知識・理解を図るという知的側面と，身近な地域の発展に寄与しようとする態度の育成といった情意的・態度的側面があり，これらは，身近な地域が児童生徒の生活経験領域であるという特質とかかわっている。いっぽう，後者は身近な地域の学習をその後の学習のための方法として位置づけるもので，例えば，地理学習（社会科学習）に対する興味関心を喚起させたり，地理的見方・考え方（社会的見方・考え方）を身につけさせたりすることをねらいとして身近な地域の学習を位置づけるものである。

　小学校中学年の地域学習はどちらかというと目的概念としての捉え方を主とし，中学校地理的分野の身近な地域の学習は目的概念と方法概念の両者を含んでいて，そのどちらに重点がおかれているかは時代によって変わってきた。

4 郷土学習から地域学習へ

　ここまでは地域，身近な地域という概念を用い，郷土という概念は用いなかった。それは，学習指導要領では地域，身近な地域という概念が用いられているからである。しかし，1977（昭和52）年の小学校，1969（昭和44）年の中学校の学習指導要領の前までは郷土という概念が使われていた。1977年，1969年において，それまでの郷土という概念が地域という概念に変わり，郷土学習が地域学習（身近な地域の学習）と呼ばれるようになった。いわゆる，郷土から地域への転換である。この転換には次のような理由があった。

　第一は，郷土という概念には，元来，生まれ育ったところという意味があるが，高度経済成長期における人口移動の活発化に伴い，そのような意味での郷土をもつ児童生徒が減じてきたという現実をふまえると，郷土よりも地域という概念のほうが適切ではなかろうかと考えられたこと，第二は，郷土という概念には郷土愛の育成という言葉に端的に示されるように，心情的側面が濃厚に内包されているが，これからの情報化社会においては心情的側面よりも，事象を冷静に把握・分析できる能力が必要とされ，そのためには客観性を重視した地域という概念のほうがふさわしいとされたことである。

　郷土から地域への転換は，目的概念か方法概念かという議論からすると，方法概念が重視されていったことを意味し，その背景として，当時のわが国の社会科教育が学問的概念や能力を重視する科学主義的社会科の時代であったことがあげられる。

5 「郷土」の重要性

（1）教材としての「郷土」の重要性

　社会科学習指導要領で郷土という概念が姿を消したことに最後まで反対した朝倉隆太郎（1921-2001）は，郷土の復活を主張しつづけた（『社会科教育と地域学習の構想』明治図書，1985年）。教材としての郷土の重要性については，次のように考えられる（山口・山本編著『初等社会科教育研究』学芸図書，2009年）。

身近な地域も北ヨーロッパも地理学的にはどちらも地域であるが，両者のもつ教育的価値には大きなちがいがある。すでに述べた身近な地域がもつかけがえのない教育的価値を十分に生かしていくには郷土という概念のほうがふさわしい。人口移動の活発化に伴う地域概念の非現実性という問題については，現在生活しているところを郷土として捉えることで解決可能である。

　郷土から地域に変更された理由の１つに，郷土概念には心情的要素が強すぎるということがあった。しかし，今や心情的側面こそ大事であるように思われる。たしかに，お国自慢的な偏狭な郷土愛や正しい社会認識を欠いた態度育成は否定されるべきであるが，単に客観的・事実的に社会を認識するだけでは社会科教育の最終目標に到達できない。客観的・事実的認識に加えて，心情的・態度的側面を取り入れることによって，社会科教育の目標に到達できるのである。ここでいう心情的・態度的側面の中核となっているのは，郷土の発展に貢献しようとする態度の育成であり，このことは，社会科教育の究極的目標である「国家及び社会の形成者に必要な公民としての資質・能力の基礎」の育成につながるものである。「地域」という概念では，このような態度的・主体的側面が不十分である。なお，「地域」は地域調査など身近な地域の学習を方法概念として行う場合に用いるのが適しているであろう。

（２）シュプランガーの郷土教育論

　郷土について論じる場合，その基盤となる特定の土地（あるいは場所）の存在を前提としなければならない。特定の土地は自然的要素と社会的・文化的要素から成り立つが，それらは個別的・分析的に存在しているのではなく総合的に有機的全体として存在している。これについて重要な示唆を与えるのが，ドイツの教育哲学者シュプランガー（1882-1963）の郷土教育論である（『郷土科の陶冶価値』1941年）。

　シュプランガーは，土地をその全体性において捉えることがきわめて大事であるとした。しかし，ただ土地が存在するだけでは郷土とはならない。郷土となるには，土地と人間との間の精神的な結びつき，精神的な紐帯が不可欠とな

る。したがって，郷土とは価値的存在であり，精神的存在であるという特徴をもつ。この場合の精神とは単に知的なものだけではなく，知・情・意のすべてが総合された全体的なもので，とりわけ情・意の側面（郷土感情，郷土意志）が重要であり，このことをシュプランガーは「故郷（ここでいう郷土）は精神的根元感情」であると述べた。

　人間は，その成長過程において知情意の全体的体験を必要とする。この全体的体験と人間的意味体験が最も効果的になされる場が郷土で，シュプランガーは「人間というものは，大地と結ばれたこうした根元的なものを必要としている」と述べ，そして，「ある人が故郷を持っていないと語られる場合，それは彼の人格には中心点がないといわれるのとほとんど同じ意味である」とまで述べたのである。

　郷土における全体的体験は，どの年齢時期においても大切であるが，とりわけ小学校期が重要といえる。小学校期は，物事を全体的・体験的に捉えることに最も適した時期だからであり，長ずるにつれ，物事を分析的・科学的に捉える能力は発達していくものの，全体的・体験的な捉えは薄れていってしまうとシュプランガーは述べている。

　このように，人間形成・人格形成にとって土地との全体的関連，すなわち郷土体験が不可欠であること，とりわけ小学校期において最も重要であることをシュプランガーは論じた。

（3）学習指導要領の態度目標と郷土

　2006（平成18）年に改正された教育基本法に，公共の精神や伝統の継承を推進する理念から「郷土」という用語が新たに採り入れられ（第二条五），その後に編成されている学習指導要領の態度目標に郷土の心情的・態度的扱いがみられている。

　平成10年版および平成20年版の学習指導要領の3，4年社会科の態度目標は「地域社会の一員としての自覚」「地域社会に対する誇りと愛情」を育てるのであり，平成元年版学習指導要領4年の「地域社会の成員として地域社会の発展

を願う態度を育てる」「広い視野から地域社会の生活を考える態度を育てる」は削除された。誇り・愛情が前面に出てきたことは，郷土のもつ意義が注目されてきたことを示すものといえるが，他方で，「地域社会の成員として地域社会の発展を願う態度を育てる」「広い視野から地域社会の生活を考える態度を育てる」が削除されたことは，かつての偏狭な郷土愛的郷土学習，お国自慢的郷土学習への傾斜を危惧させるものである。

なお，平成29年版学習指導要領3，4年社会科の態度目標には，引き続き「地域社会の一員としての自覚」「地域社会に対する誇りと愛情」を養うとあるが，「主体的に学習の問題を解決しようとする態度」「よりよい社会を考え学習したことを社会生活に生かそうとする態度」を養うも合わせて記されている。このことから，多面的・多角的な考察に基づく客観的・事実的認識を通して心情的・態度的側面を涵養することを重視した扱いになっているといえよう。

6 郷土の範囲と形式地域

郷土とは元来，生まれ育った場所のことをいうが，人口移動の活発化に伴い，そのような郷土は非現実的なものとなった。そこで前述のように，今日では現在生活しているところを郷土とするのが妥当である。その場合，郷土の範囲は具体的にどのような広がりとして捉えたらよいだろうか。

これについては2つが考えられる。1つは生活圏であり，もう1つは行政区域（市区町村，都道府県）である。このうち合理的なものは生活圏であるが，生活圏というものは可変的存在であるうえに，その境界を明確に確定するのがきわめて困難という問題がある。というのも生活圏は，人・物・情報などの流動といった客観的・物理的基準によって範囲が決定されるからである。いっぽう，住民の郷土意識といった意識的側面から範囲を考えることも大切であり，この観点からみたとき，住民は行政区域を郷土の範囲として捉えているように思われる。行政区域は境界が明確で固定的であり，空間的範囲として捉えやすいという特質をもっている。以上から，郷土の範囲は生活圏でもよいし，行政

区域でもよいことになる。

　ところで，行政区域は地理学的地域論からすると「形式地域」に属し，形式地域は「形式」という名が示すように軽視されてきた。しかし，郷土意識という観点からすると，形式地域は単なる形式ではなく，実質地域以上に重要性をもつ場合が多い。社会科教育における地域の捉え方とは，そこに住む人間の生き方とかかわって地域を考えていくことであり，その立場からすると形式地域を単なる形式的な存在にすぎないとする地理学的地域観では不十分といえよう。

7 国際化・グローバル化と郷土

　国際化の進展とともに，わが国の隅々に至るまで外国とのかかわりが無視できなくなってきた。国際化への対応を重要な柱の1つとして改訂された平成元年版学習指導要領では，小学校社会科中学年のいわゆる地域学習（本節でいう郷土学習）のなかに外国とのかかわりに関する内容が取り入れられた。これは画期的なことで，郷土学習においては，さまざまな面からこの点にアプローチしていかなければならない。物資の移動の面で，あるいは文化・情報の面で郷土と外国との深いかかわりがみられる。とくに近年ではグローバル化や入管法の改正などにより多くの外国人が転入し，居住する地域が増加している実態をふまえると，外国人も郷土社会を形成している一員であるという視点，いわゆる多文化社会，多民族社会という視点から郷土学習を構想していくことが肝要になる。このことは内なる国際化，異文化理解，持続可能な社会の創造という現代的課題ともかかわってくるだろう。

8 郷土意識・地域意識の発達傾向

　郷土学習・地域学習を展開していくうえで，児童の郷土意識の発達傾向を明らかにすることは基礎的な研究として重要である。

　群馬県の児童生徒778人を対象とした佐藤の研究（佐藤浩樹『地域の未来を考え提案する社会科学習』学芸図書，2006年）によると，郷土意識（郷土認識，郷土

イメージ，郷土に対する態度）は小学校4～5年で上昇するが，小学校6年で低下し，中学校2年で最低になる。このことは小学校4年の県に関する学習の効果を示すとともに，小学校高学年や中学校における郷土意識の低下をどのようにしたら防げるのかという課題を提起している。

　市区町村レベルの郷土意識については，群馬県伊勢崎市の小学3～6年生1043名を対象とした高柳の研究があり，学年が進むにつれて郷土意識が低下すること，小学3年生の郷土学習の効果がみられないことを指摘している（高柳浩道「児童の自市に対する郷土意識」山口幸男編『現代群馬の郷土教材探究』あさを社，2001年）。

　これらの調査は1つの事例であり，同種の調査研究が今後増えることを期待したい。

9　教科等横断的な教育と郷土・地域

　平成29年版小学校学習指導要領は，教育課程の編成にあたって教科横断的な視点に立った資質・能力の育成を求めている（第1章総則第2の2）。その理由は，変化の激しい社会のなかで，主体的に学んで必要な情報を判断し，よりよい人生や社会のあり方を考え，多様な人々と協働しながら問題を発見し解決していくために必要な力を，児童一人ひとりに育んでいくためである。

　教科横断的な視点に立って育成したい資質・能力は2つある。1つは，あらゆる教科などに共通した学習の基盤となる言語能力，情報活用能力，問題発見・解決能力などである。もう1つは，豊かな人生の実現や災害など現代的な諸課題に対し教科などの学習を通じて身につけた力を統合的に活用しながら次代の社会を形成していこうとする「生きる力」である。

　後者の現代的な諸課題に関する教科横断的な教育内容については，同解説総則編付録6に，伝統や文化，主権者，消費者，法，知的財産，郷土や地域，海洋，環境，放射線，生命の尊重，心身の健康の保持増進，食，防災に関する教育についての具体的な内容構成例が示されている。このうち生命の尊重を除く

すべての内容構成例に小学校社会科の抜粋がみられることから，小学校社会科は教科横断的な教育を実現するうえで重要な教科であることがわかる。なお，生命の尊重に関しても，単元や教材によっては社会科での取り扱いも可能であろう。

郷土・地域は，現代的な諸課題について主体的・対話的・体験的に調べたり考えたり，実感を伴いながら問題を具体的に解決していこうとする力を育てるうえで，教材の宝庫といえる。各学校では学校の特色や地域の実態をいかした教育課程の編成が求められていることから，教科横断的な郷土教材・地域教材の積極的な開発や活用が期待される。

以上のような郷土学習・地域学習の趣旨のもと，これまで取り上げられなかった郷土の素材に光をあて，文献だけでなくフィールドワークも積極的に行いながら教材として開発していくことが必要である。

第2節　地理的学習

1　社会（自然）的事象の地理的な見方・考え方の基礎

小学校社会科は，地理的内容，歴史的内容，公民的内容を含む総合的な性格を有する。平成29年版学習指導要領では，内容の枠組みとして，「地理的環境と人々の生活」「歴史の人々の生活」「現代社会の仕組みや働きと人々の生活」に区分されたが，学習内容の重点を示したにすぎない。これらは，中学校社会科地理的，歴史的，公民的分野への接続・強化をより鮮明したものである。

ゆえに，小学校社会科段階においても，地理的学習の基礎となる地理的な見方・考え方（社会的事象の地理的な見方・考え方）について確認しておきたい。

社会的事象の地理的な見方・考え方は，中学校社会科地理的分野の柱書で示されたものである。その内容は，「社会的事象を，位置や空間的な広がりに着目して捉え，地域の環境条件や地域間の結び付きなどの地域という枠組みの中で，人間の営みと関連付けること」となっている。

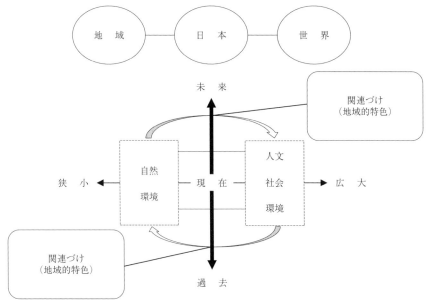

図2.1 地理的な見方・考え方の構造（概念図）

　図2.1は，地理的な見方・考え方を構造化したものである。具体的には，横軸となる空間軸，縦軸となる時間軸を用いて，地域における自然環境（自然地理的事象）と人文・社会環境（人文地理的事象）を関連づけながら，地域的特色を明らかにしようとするものである。横軸となる空間軸は，身近な地域（学校所在地周辺）から世界までと地理的な範囲は幅広い。縦軸となる時間軸は，過去，現在に加えて未来までを含む。地域的特色は，他地域との比較を通じて，地域の相違点，共通点や類似点を位置づけようとするものである。

2　地理的学習（高学年）の特色
（1）中軸となる地理的学習

　高学年における「地理的環境と人々の生活」（地理的内容）を中軸とする学習内容は，(1) 我が国の国土の様子と国民生活，(5) 我が国の国土の自然環境と国民生活が該当する。ただし，(5) は，「現代社会の仕組みや働きと人々の生

活」(公民的内容) との併用である。学習する地理的範囲は，日本全体が中心であるものの，間接的に身近な地域，世界（外国）との関連も含むものとなっている。

そのほかに，「我が国の農業や水産業における食料生産」と「我が国の工業生産」は，「現代社会の仕組みや働きと人々の生活」を中軸としながらも，「地理的環境と人々の生活」に関連する内容としている。

すでに述べたように，地理的学習は，自然環境と人文社会環境を関連づけながら，地域的特色を明らかにすることが大切である。(1) 我が国の国土の様子と国民生活の場合，学習する順番として，①国土の様子，次に②国民生活となる。これらは，単なる学習する順番ではない。①で学習した自然環境の特色を，②の日本各地の生活へどのような影響を与えているか，しっかり橋渡し（関連づけ）することが求められる。

国土の様子では，前半，日本全体の地理的位置・範囲を学習するようになっている。次に，国土における山地と平地の傾向をおさえる。続いて，主な山地・山脈，平野，河川，火山などの地理的位置と地名の理解を深める。後半は，気温，降水量，季節風にふれつつ，気候区分（例：日本海，太平洋，北海道，中央高地，瀬戸内海，南西諸島の6区分）の理解を深める。

ここでも，前後の学習内容との関連づけが必要となる。気候区分の境界は，緯度，島，海洋（海岸），山地・山脈の位置に関係する。また，四季が明瞭な点は，夏と冬の季節風の影響に関係する。気候のちがいは，緯度や地形のあり方・位置によって生じている。すなわち，日本の気候は，6区分に分けることができるではなく，なぜ，6区分となるのか，理解させることが地理的学習の中軸となる。

続く，国民生活では，低地・高地・山地のくらし，あるいは，暖かい地域・寒い地域・雪国のくらしにおいて，自然環境のちがいに応じて，どのような対応・対策を講じているのか，学習する。例えば，低地・高地・山地では，農業を指標とすれば，それぞれの地域で，生産物が異なる。それは，地形や気温と

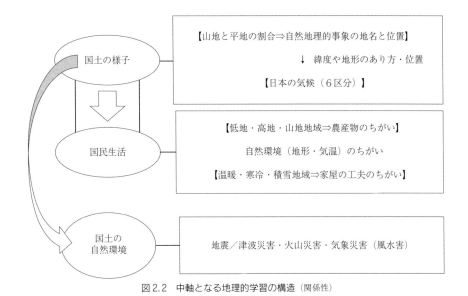

図2.2 中軸となる地理的学習の構造（関係性）

いった地理的条件を活かした結果によるものである。暖かい地域・寒い地域・雪国のくらしの場合，家屋を指標とすれば，それぞれの地域で，建物の工夫が異なる。それは，気象（台風・積雪・低温など）を中心とした地理的条件の対策を講じたものである。

（5）我が国の国土の自然環境と国民生活の場合，（1）の国土の様子の学習が関係する。自然災害の種類は，地震災害，火山災害，気象災害に分けることができる。これらは，地形のちがいによって被害が異なる。例えば，津波は，地震による要因が多いものの，火山噴火による場合もある。後者では，火山島や湾曲した地形であれば，対岸へ津波が押し寄せてくることがある。自然災害の時期は，台風，積雪の影響によって異なる。例えば，北海道地方は，5月・6月に河川の氾濫が多い。これは，気温の上昇によって，山間部の雪解けが進み，結果，平地において増水となりやすい。

以上から，自然災害の学習は，地形や気候の内容を関連づけることによって，種類や時期の傾向が明らかとなる。

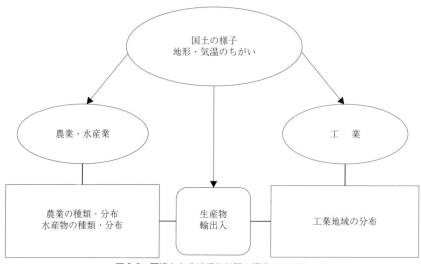

図2.3　関連となる地理的学習の構造（関係性）

（2）関連となる地理的学習

　すでに述べたように，関連する地理的学習は，(2) 我が国の農業や水産業における食料生産，(3) 我が国の工業生産であった。具体的には，内容 (2) の場合は，生産物や種類の分布，内容 (3) の場合は，工業の盛んな地域の分布が，とくに関係が深い。いずれも，日本全体における，主な農産物（米，畑作物，果物など），主な漁港の漁獲量，主な工業地域の分布を取り上げる。

　これらの学習内容は，内容 (1) の国土の様子に関連する。農産物では，地形，気温との地理的条件によってちがいが生じる。水産物では，海流（寒流・暖流，接点），港湾（海岸）との地理的条件によってちがいが生じる。工業製品では，原材料の輸入，製品の輸出との利便性を考え，港湾（海岸）の後背地に広がりやすい。農産物，工業原料，工業製品などは，主に港湾から輸出入している。日本は，海洋に囲まれている。輸出入は，その地理的条件を活かし，海上輸送が中心となっている。

　以上，農業，水産業，工業の分布・特色は，自然環境との関連づけによって，生産物の相違性や共通性が明らかとなる。

3 中学校社会科地理的分野との接続のポイント

　高学年における地理的学習は，中学校社会科地理的分野へ，どのように接続するのか述べたい。その基本は，関連する学習内容を比べ，どのような内容に類似性があり，また相違性（新規の学習内容）があるか確認することである。中学校社会科地理的分野の関連する学習内容は，「日本の地域構成」「日本の地域的特色と地域区分」「日本の諸地域」の３つをあげることができる。

　日本の地域構成では，国土の位置，世界各地との時差，領域の範囲や変化とその特色を学習する。なかでも，時差や領域の変化は，中学校において追加となった内容である。

　日本の地域的特色と地域区分では，①自然環境，②人口，③資源・エネルギーと産業，④交通・通信といった地理的主題（項目）を指標として，日本の地域的特色を学習する。小学校では，日本における自然環境の様子，産業の分布を学習する。中学校では，地理的主題（項目）を手がかりに，世界各地の様子と比べ，どのような特色（相違性や類似性）を有するのか明らかにする。

　日本の諸地域では，①自然環境，②人口・都市村落，③産業，④交通・通信，⑤その他といった地理的主題を用いて，地域的特色を学習する。具体的には，九州，中国・四国，近畿，中部，関東，東北，北海道といった地方区分が多い。

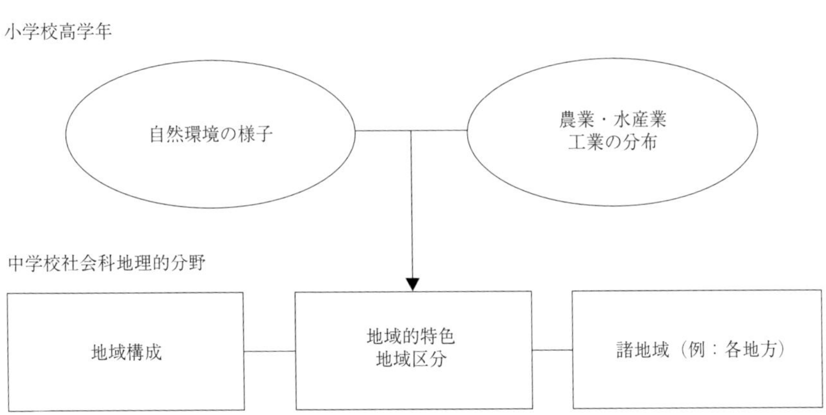

小学校高学年

　　　　自然環境の様子　　　　　　　農業・水産業
　　　　　　　　　　　　　　　　　　工業の分布

中学校社会科地理的分野

　地域構成　──　地域的特色　──　諸地域（例：各地方）
　　　　　　　　地域区分

図2.4　小中における地理的学習の接続構造（関係性）

第2節　地理的学習

各地方では，特色ある地理的主題を用い，ほかのそれを関連させながら，地域的特色を明らかにするようになっている。

基礎となる地理的知識は，国土（自然環境）の様子，産業（農業・水産業・工業）の分布である。①の自然環境の場合，産業の分布を基礎としながら，より詳細な特色ある産業の成立，形成，発展といった内容を学習する。②以降の人文社会環境では，国土の様子を基礎としながら，その影響による人間社会の実態（人口の偏在，産業の立地，交通通信網）を学習する。

以上から，中学校では，日本地理に関する地理的知識を基礎とし，グローバルな視点（外国との比較）またはローカルな視点（地方など）で，日本全体を捉え直しながら，地域的特色の深化へつなげるようになっている。

4 地図の有効活用

本項では，地理的な学習内容を効果的に進めるため，地図の活用ついて述べる。具体的には，地球儀，教科用図書「地図」（地図帳），略地図を取り上げる。

（1）地球儀

多くの地図は，球面体のものを平面に替え表現している。平面地図は，形状，面積，方角（方位）など，不正確となる部分が生じる。地球儀は，球面体のものを縮小したもので，唯一正確な地図と判断できる。

地図の有効性の1つとして，一定の地理的範囲において全体像（俯瞰性）が捉えやすい点にある。その結果，個別の事象または部分的では，みえにくかったものが，みえてくる場合がある。

地球儀は，世界全体の様子を正しく捉えるにすぐれている。大抵の地球儀は，回転させることができる。ぜひ，その回転機能を利用したい。地球儀を横に回転させていくと，大陸，海洋（大洋）が交互に出現する。例えば，太平洋（大洋）を起点とすれば，北米・南米（大陸），大西洋（海洋），ヨーロッパ（ユーラシア）・アフリカ（大陸），インド洋（大洋）という具合になる。これにより，大陸と海洋（大洋）の位置の関係性に気づくことができる。

両極からみると，どうであろうか。北極からみれば，北極点（海）の周辺を大陸（陸地）が，ほぼ一回りに囲んでいる。とりわけ，北極点の中心には，大陸（陸地）が存在しない。

　南極からみれば，南極点を中心に南極大陸が広がっている。その周辺は，海洋が取り囲み，ほかの大陸の一部を確認できるにすぎない。両極からの様子を比較すると，大陸と海洋の位置関係が真逆であることがわかる。すなわち，北半球に大陸が多く，南半球に海洋が多く分布している。地球全体では，大陸と海洋の関係において，偏在していることもわかる。

　そのうえで，しっかり補足もしてほしい。両極点の周辺は，白色となっていることが多い。北極点の付近の白色は，年間を通じての海氷の様子を表している。現在，この海氷面積の変化が，地球温暖化との関連で注目されている。南極点の周辺（南極大陸）は，大陸の上に氷雪が堆積している状態（氷雪地）である。両極点の付近は，似ているような地理的環境にみえながら，中心となる大陸の存在においてまったく異なる。

　つぎに，日本（アジア）の位置である。大陸の関係でみれば，日本（アジア）は，ユーラシア大陸の東側に位置する。他方，ヨーロッパは，ユーラシア大陸の西側に位置する。ユーラシア大陸を中心にみれば，日本（アジア）とヨーロッパは，東西の対極の関係にあることがわかる。東アジアの地図やヨーロッパの地図では，そのような関係性に気づくことはむずかしい。

　日本の領土は，狭いといわれる。他方，日本の北端（北方領土），南端（沖ノ鳥島），西端（与那国島），東端（南鳥島）の位置を確認すると，領海（領空）の範囲が広大であるとわかる。よって，領土・領海・領空でみれば，日本の領域は広く，海洋資源に恵まれていることも推測できよう。つぎに，これらの島の属する都道府県名もぜひ確認しておきたい。北方領土（択捉島）は，北海道，与那国島は，沖縄県，沖ノ鳥島と南鳥島は，東京都である。意外にも東京都が，南端や東端を占める。こうした事実から，児童の地図への興味関心を高めることにつなげたい。

地球儀の活用は，第5学年の内容（1）国土の様子（前半）の地理的な学習内容で適している。

（2）地図帳

すでに述べたように，地図帳は，平成29年版小学校社会科学習指導要領において第3学年から配布となる。また，地図帳は，正式名，教科用図書『地図』と呼び，教科書に属する。地図帳の構成（小学校用）は，日本の地方別の地図（地勢図），県域別の地図（地勢図），世界の州別（大陸別）の地図などに加え，主題図・統計地図となっていることが多い。地図帳では，地域地図（地勢図）の活用を主体しているものの，主題図や統計地図もうまく使いたい。

地図の約束事は，段階的に確認しておきたい。例えば，人口規模別の都市，都道府県の県庁所在地，境界（都道府県・外国），国名表記などの地図記号である。地図記号などは，地図を活用しながらの確認が効果的である。

地形の様子は，地図記号を活用した土地利用図（地形図）で学習することが多い。他方，地図帳には，鳥かん図を併用していることもある。鳥かん図とは，上空から一定の地理的範囲を表した立体（絵）地図である。地形の起伏や高低差は，鳥かん図を活用すると，空間的なイメージがしやすい。地図に興味関心をもってもらうアプローチとしても，鳥かん図の活用を重視したい。鳥かん図の活用は，第5学年の内容（1）国土の様子（後半），（5）我が国の国土の自然環境といった地理的な学習内容で適している。

産業（工業・農業・水産業など）の様子は，主題図や統計地図を活用するとよい。地図帳には，自動車工場の分布，主な工業地域の分布，主な都道府県の米の生産量，主な漁港の水揚げ量などの主題図や統計地図がある。これらは，教科書の本文や，統計，写真資料で学習することが多い。他方，日本全体における地理的な分布の傾向は，主題図や統計地図によって，より理解が深まる。主題図や統計地図では，分布の集積や偏り（多少）がわかる。同時に，どの地域に分布の広がりが少ないかといったこともわかる。例えば，工業地域の分布は，関東，中部，近畿，中国・四国（瀬戸内海），九州（北部）の太平洋ベルト地帯

に集積している。他方，北海道，東北，日本海岸，九州（南部）は，工業地域が少ない。教科書の本文のみでは，この手の地理的分布の傾向を把握することはむずかしい。

　主題図には，生産物（例：工業製品）の輸出（貿易）の様子を表したものがある。日本から，どのような地域・国へ，輸出されているか，地理的分布の傾向がわかる。その結果，日本が，どの地域・国との結びつきが強いかも判断できる。この学習成果は，第6学年の内容（3）「グローバル化する世界と日本の役割」へ活かすことができる。

　主題図や統計地図の活用は，第5学年の内容（2）我が国の農業や水産業における食料生産，（3）我が国の工業生産といった学習内容で，地理的な見方・考え方を補完できる。

（3）略地図

　略地図は，定住地（市区町村・都道府県・日本）と学習地域，学習地域間の位置関係（方位・距離・地形など）を理解するうえで役立つ。地理的学習は，個別の事例地が増えていくと，定住地との位置関係がみえにくくなってしまう。例えば，東京都の定住者が，学習地域を長野市として取り上げた場合，長野市が，どのような方位にあるか，理解できているとはかぎらない。すなわち，地域の位置関係の理解には，略地図の活用が効果的である。

　略地図を描く場合，地形（海岸線）をなぞる必要はなく，直線の組み合わせで十分である。略地図では，地理的事象（例：都市）の位置と地名の表記が大切となる。略地図には，都道府県図，日本地図，世界地図などがある。都道府県では，県庁所在地，日本地図では，東京（首都），世界地図では，日本，赤道といった地名などを入れること。また，地域間比較の場合，上下左右でなく，八方位（北・南・西・東ほか）の活用を意識してもらいたい。

　第5学年以降，日本全体，世界全体といった学習が増加する。そのため，略地図は，第5学年以降の学習において，多用すると効果は高い。略地図を描く習慣が身につくことで，頭のなかでのイメージマップも想像しやすい。結果，

地理的な見方や考え方がしやすくなる。

5　地歴融合の効果的な教材

　ここでは，地理的学習はもちろん歴史的学習にも効果的な教材を取り上げたい。その教材とは，文化遺産である。文化遺産は，世界遺産，日本遺産，文化財，重要伝統的建造物群保存地区，北海道遺産など多数存在する。文化遺産などの主な目的は，保存・保全に加え，その有効活用を含むことも多い。

　さて，注目したい文化遺産は，日本遺産である。日本遺産が，教材活用としてすぐれている点は，空間軸と時間軸の双方を含む点にある。日本遺産のシリアル型（複数の市町村にまたがってストーリーが展開するもの）の場合，関連する文化財は，いくつかの地域で構成されている。そのストーリーとは，①歴史的経緯や地域の風習に根ざし，世代を超えて受け継がれている伝承，風習などをふまえたものであること，②ストーリーの中核には，地域の魅力として発信す

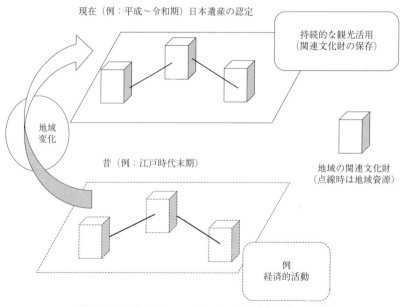

図2.5　日本遺産（シリアル型）における構成文化財の地域構造

る明確なテーマを設定のうえ，建造物や遺跡・名勝地，祭りなど，地域に根ざして継承・保存がなされている文化財にまつわるものを据えること，③単に地域の歴史や文化財の価値を解説するだけのものになっていないことをあげている。すなわち，日本遺産は，文化財を通じて地理的な広がりをもつ。また，それらは，過去の人間活動の軌跡を表したものである。その構成遺産は，現在そして未来に向け，活用することをめざしている。

過去の人間活動の軌跡は，第6学年の歴史的な学習内容として取り上げる。結果，日本遺産は，構成する遺産の地理的分布の意味や変化を探る（地理的・歴史的な見方・考え方）教材として有用性が高いものと考えられる。

第3節　歴史的学習

1　小学校社会科における歴史的学習の意義

総合社会科である小学校社会科において地理や歴史を学ぶことは，どんな意義があるのだろうか。人間・社会は地表上に存在しており，人間は地表（土地，場所，空間）を離れては生存できない。人間は地表とのかかわりのなかで生きていかなければならないものであり，人間・社会は地的存在（土地的・場所的・空間的存在）であるといえる。このような人間存在のなかに，社会科教育における地理の意義あるとされる（山口幸男・山本友和編『初等社会科研究』学芸図書，2009年）。いっぽう，歴史はどうであろうか。人間・社会は時間の経過とともに必ず変化するものである。人間は歴史的・社会的環境に措定されるという言葉があるように，人間・社会は歴史的・時間的存在であり，地理と同様に人間存在のなかに社会科教育における歴史の意義があるといえる。古川は，歴史を学ぶ意味について「変化への認識」を育てることを第一にあげている。変化への認識とは，「ものは変化する」という認識，「変化への契機」への認識，「変化への傾向」の認識であるとしているが，このような認識・意識は，時間意識といわれる。このことから，歴史的学習の本質は，時間の推移に伴って物

事や社会は変化していくという時間意識の涵養であるといえる。

　古川は，歴史を学ぶ意味について「変化への認識を育てる」のほかにも，「歴史の進展における人間の役割への認識を深める」「集団の一員としての連帯感を育てる」「参加意欲を高める」をあげている。歴史は変化するものであり，それは人間が集団・組織のなかで意欲的・積極的に働きかけ努力してなされたものであることを考えさせることを通して，自ら意志決定し，意欲的・積極的に歴史の進展に参加し行動しようとする力＝生きる力の基礎を身につけることが歴史を学ぶ意味だとしている（古川清行『歴史学習の基礎と実践』東京書籍，1980年）。このことは歴史的学習が，歴史にかかわる知識を増やすために行われるものではなく，私たちが暮らす現在の社会は，長い年月にわたる多くの人々のたゆまぬ努力の結果としてあることを理解し，自らが担い手となって未来に向けてよりよい社会を築いていくことについて考えるために行われるものであることを意味している。すなわち，小学校における歴史的学習は，歴史を学ぶことを通して公民としての資質・能力の基礎を培う社会科歴史学習であるということである。

2 中学年の歴史的学習

（1）第3学年の歴史的学習

　平成29年版学習指導要領では，「古くから残る暮らしにかかわる道具，それを使っていたころの暮らしの様子」の内容が「市の様子の移り変わり」に改められ，市や人々の生活は時間の経過に伴い移り変わってきたことを理解するようになった。また，交通，公共施設，土地利用，人口，生活の道具などの時期によるちがいに着目して市や人々の様子を捉え，それらの変化を考え表現することが示された。人口を取り上げる際には，少子高齢化や国際化などにふれ，これからの市の発展について考えることができるように配慮することが求められている。人口の移り変わりを通したまちづくり学習の視点が示されたことは，公民としての資質・能力の基礎を培う総合社会科としての歴史的学習が強調さ

れたことであり注目されるが，第3学年の内容としては高度であり，市役所などが作成している資料をもとに発達段階に合わせた指導を工夫していくことが必要である。時期の区分について，明治，大正，昭和，平成などの元号を用いた表し方や江戸時代などの言い表し方があることを取り上げ，年表に元号などを位置づけて市の移り変わりを年代順に整理することも新たに示された。

（2）第4学年の歴史的学習

第4学年の歴史的学習は「県内の伝統や文化」と「先人の働き」の内容から構成されている。平成29年版学習指導要領で第4学年の内容が自分たちの県を中心とした地域を学習対象として取り上げることになったため，伝統や文化にかかわる内容が，身近な地域の文化財や年中行事の事例を取り上げる学習から県内の主な文化財や年中行事の理解と事例を取り上げる学習へと変化している。

「県内の伝統や文化」は，県内の文化財や年中行事について歴史的背景や現在に至る経緯，保存や継承などのための取り組みに着目して調べ，県内の文化財や年中行事の様子を捉えるとともに，地域の人々が受け継いできたことや地域の発展など人々の願いが込められていることを理解する内容である。取り上げる事例は，県内を代表する歴史を伝える建造物や遺跡，民俗芸能などの文化財，地域の人が楽しみにしている祭りなどの年中行事が例示され，日本遺産や世界遺産などの地域の遺産のなかにみられる文化財なども考えられるとされている。

取り上げる事例については，見学・調査を通して地域の人々の願いが具体的に理解できるようにするとあり，また，地域の伝統や文化の保存や継承にかかわって自分たちにできることを考えたり選択・判断するという社会参画的な視点も盛り込まれている。しかし，県内の事例では見学・調査の実施や自分とのかかわりで保存・継承について考えることはむずかしい場合もある。県内の事例を学習したあとに，身近な地域の事例を取り上げて見学・調査やゲストティーチャーの招聘を行って具体的な理解を図るとともに，保存や継承について話し合う活動を行うなどの単元構成の工夫が望まれるところである。

「先人の働き」は，地域の発展に尽くした先人の働きについて当時の世の中の課題や人々の願いに着目して調べ，さまざまな苦心や努力により当時の生活の向上に貢献したことを理解する内容である。具体的事例として，「開発，教育，医療，文化，産業など」の面から地域の発展や技術の開発に尽くした先人のなかから1つ選択して取り上げることとなっている。この学習でも地域の発展に尽くした先人の働きを学んだことをもとに自分は地域・社会の発展にどのように貢献できるか考える社会参画的視点を組み込むことが期待される。そのためには，1つの事業を成し遂げるために異なる立場から貢献した複数の先人を取り上げて学習し，自分ならどのような立場からどのようにかかわれるかを考え，地域・社会づくりにかかわる態度の基礎を育んでいくような工夫も考えられる。

3　高学年の歴史的学習

　第5学年には歴史的内容を中心的に学習する内容はないが，副次的に取り上げる内容として，わが国の食料生産における「生産力の向上」「技術の向上」，わが国の工業生産における「工業製品の改良」などがあり，地理的内容や公民的内容と関連させて総合的に学習するようになっている。

　第6学年の「我が国の歴史上の主な事象」（日本の歴史）は，小学校の歴史的学習の中核的内容である。以下，第6学年の歴史的学習について詳しく述べたい。

（1）第6学年の歴史的学習の内容

　第6学年の歴史的学習は，わが国のおおまかな歴史と関連する先人の業績，すぐれた文化遺産を理解することがめざされ，政治の中心地や世の中の様子に着目して時期を捉えるという小学校歴史学習の趣旨に基づいて，以下の11の内容が設定されている。

> (ｱ)　「むらからくにへ変化したこと」
> (ｲ)　「天皇を中心とした政治が確立されたこと」

 ㈦「日本風の文化が生まれたこと」
 ㈡「武士による政治が始まったこと」
 ㈣「今日の生活につながる室町文化が生まれたこと」
 ㈲「戦国の世の中が統一されたこと」
 ㈯「武士による政治が安定したこと」
 ㈷「町人の文化が栄え新しい学問がおこったこと」
 ㈹「我が国が明治維新を機に欧米の文化を取り入れつつ近代化を進めたこと」
 ㈺「我が国の国力が充実し国際的地位が向上したこと」
 ㈻「戦後我が国は民主的な国家として出発し、国民生活が向上し、国際社会の中で重要な役割を果たしてきたこと」

 このうち、㈦と㈲は、平成29年版学習指導要領で独立して示されるようになった内容である。
 これからの内容について、例えば㈺では、大日本帝国憲法の発布、日清・日露戦争、条約改正、科学の発展のように、それぞれの内容の理解のための手がかりとなる歴史的事象が併せて示されている。

（2）小学校における歴史的学習の特色

 小学校における歴史的学習の特色は、世の中の様子、人物の働きや文化遺産を中心的な手がかりとしてわが国の歩んできた歴史をおおまかに理解することである。このような人物や文化遺産を中心とした歴史的学習は、一般に人物学習と呼ばれる。つまり、小学校の歴史的学習は通史学習ではなく、人物学習だということである。通史学習とは、各時代ごとに、時間の流れに沿って、政治・経済、社会、文化などを総合した特色およびその変化・推移を学ぶ学習であるが、学習指導要領解説に「小学校では歴史を通史として事象を網羅的に取り扱うものでないことに留意する必要がある」とあり、小学校における歴史的学習は通史学習でないことを明確に示している。

 人物学習は、系統主義社会科へと転換した昭和33年版学習指導要領以後の歴史学習において、その重要性が一貫して示されてきた。人物学習の意義は以下のようにまとめることができる。
 ①第6学年の児童の発達段階にあっており、具体的な人物の行為を手がかり

と　することで児童の歴史への興味・関心を高めることができる。

②歴史における人間の働き・役割の重要性を理解し，これからの社会に主体的　に参画しようとする意識を高めることができる。

③人物への共感的理解を通して人間形成・人格形成に資することができる。

　平成元年版学習指導要領で，国家・社会の発展に大きな働きをした代表的な人物を政治や文化などの分野から取り上げて，以下の42人が例示され，平成29年版学習指導要領でも同一の人物が例示されている。

卑弥呼，聖徳太子，小野妹子，中大兄皇子，中臣鎌足，聖武天皇，行基，鑑真，藤原道長，紫式部，清少納言，平清盛，源頼朝，源義経，北条時宗，足利義満，足利義政，雪舟，ザビエル，織田信長，豊臣秀吉，徳川家康，徳川家光，近松門左衛門，歌川広重，本居宣長，杉田玄白，伊能忠敬，ペリー，勝海舟，西郷隆盛，大久保利通，木戸孝允，明治天皇，福沢諭吉，大隈重信，板垣退助，伊藤博文，陸奥宗光，東郷平八郎，小村寿太郎，野口英世

　人物学習は，歴史的な流れよりも人物や文化遺産を手がかりとして時代の総合的な特色を学習するものである。人物中心の歴史学習であるが，人物について学習するのではなく，人物の行為や文化遺産を窓口として時代・社会の特色を学習し，おおまかな歴史を理解することをめざすものである。

（3）第6学年の歴史的学習の内容構成と単元構成

　第6学年の歴史的学習は，先に示した㈦から㈹までの11の内容をもとに小単元が構成される。単元名は「藤原道長と貴族のくらし」「源頼朝と武士による政治」「金閣・銀閣と今に伝える室町文化」のように人物・文化遺産と社会的

図2.6　第6学年の歴史的学習の内容構成

事象を組み合わせて示されることが多い。時間の推移よりも人物・文化遺産を中心とした時代の特色を重視して図2.6のように内容が構成され，その形状から「串団子方式」の歴史学習ともいわれる。

各小単元は，学習指導要領に示された内容に基づいて単元構成される。例えば(エ)の内容は，「源平の戦い，鎌倉幕府の始まり，元との戦いを手がかりに，武士による政治が始まったことを理解すること」である。小単元を貫く学習課題を「武士はどのように力を伸ばし，どのような政治を行ったのだろう」と設定し，3時間計画で以下のような単元を構成することが考えられる。

単元名「源頼朝と武士による政治」

単元を貫く学習課題		武士はどのように力を伸ばし，どのような政治を行ったのだろう
1	源平の戦い	○武士はどのようにして力を伸ばしたか ○平氏と源氏の戦いはどのように行われたか
2	鎌倉幕府の始まり	○源頼朝はどのように武士を従えたか ○源頼朝が鎌倉に幕府を開いたのはなぜか ○鎌倉幕府はどのような政治を行ったか
3	元との戦い	○鎌倉幕府は元とどのように戦ったか ○元との戦いは鎌倉幕府にどのような影響を与えたか

4 歴史を学ぶ意味を考える

(1) 歴史を学ぶ意味を考える

平成29年版学習指導要領の第6学年歴史的学習の内容のなかに「歴史を学ぶ意味を考える」ことがある。「歴史を学ぶ意味」は，平成20年版学習指導要領にも示されていた内容であるが，あまり注目されず，「わかること」を中心に授業構成されているのが現実であると指摘されている。小学校6年生を対象に行った社会科の学習内容に対する有用意識調査によれば，社会科分野別有用意識は歴史的内容が最も低く，歴史的内容についての自由記述では，「おもしろかったが役に立つとは思わなかった」「何のために歴史を勉強しているのかと考えるときがある」という感想もみられた。教育課程実施状況調査においても

(2003年実施），公民的内容や地理的内容については役立つという割合が50％を超えるのに対し，歴史的内容は全体的に役立つという割合が低かった。とくに，古代や中世などの古い時代に関する内容では役立たないという割合のほうが高く，小学校の歴史的学習は児童にとって歴史を学ぶ意味を実感できるものになっていない。「歴史を学ぶ意味」は，初期社会科から取り上げられていることでありながら，現在の歴史的学習においても課題であり，歴史を学ぶ意味を考えること自体が小学校社会科歴史的学習の内容となっている。

歴史を学ぶ意味を考えることについて，平成29年版学習指導要領解説では以下のように述べられている。

> 歴史を学ぶ意味を考えるとは，歴史学習の全体を通して，歴史から何が学べるか，歴史をなぜ学ぶのかなど歴史を学ぶ目的や大切さなどについて考えることである。例えば，我が国の伝統や文化は長い歴史の中で育まれてきたことを踏まえ，過去の出来事は現代とどのような関わりをもっているかなど過去の出来事と今日の自分たちの生活や社会との関連や，歴史から学んだことをどのように生かしていくかなど国家及び社会の発展を考えることである。その際，（中略）自分たちもこれからの歴史の担い手となることや，平和で民主的な国家及び社会を築き上げることについて考えを深めるようにすることが大切である。
> 過去の出来事と自分たちの生活や社会との関連を考え，歴史の学びを現代の課題解決や将来の発展に生かすことが歴史を学ぶ意味を考えることである。

(2) 歴史を学ぶ意味を考える授業

歴史を学ぶ意味を考える授業として2つの実践例がある。1つは，元の強大さを知り，領地を与えることができないとわかりながら，元と戦う決断をした北条時宗の判断はよかったのか考える学習であり，もう1つは，天皇中心の国づくりの学習の最後に，天皇中心の国づくりを支えた大陸文化とはどんな文化か改めて問い直し考える学習である。2つの実践の共通点は，小単元の終末で俯瞰して人物の業績や歴史的事象の（澤井陽介「歴史を考える授業への挑戦」『社会科教育』No. 654，2013. 10）意味や価値を捉え直していること，現在のものさしを当てるのではなく，人物の役割や世の中を変える要素を考えていることで

ある。歴史を学ぶ意味を考える授業は，歴史学習に価値判断を取り入れることが第一歩である。

　歴史を学ぶ意味を考える歴史的学習は，単元構成を「どのように型課題」→「なぜ型課題」→「どう考えるか型課題」とし，単元の終末に，歴史的事物・事象を「どう考えるか」「自分ならどうするか」という価値判断を含んだ対立的な課題，既知の知識，見方・考え方をゆさぶる課題を提示して，社会的意味・価値・評価について考えさせることが必要である。その課題は，現代の社会生活との関連や自分の生き方や社会形成との関連をもたせるようにするのが望ましい。対象となるものは，A「人物の生き方，考え，姿勢」，B「人物や政府などの決断，行動，施策」，C「歴史的作品，建造物，法令・決まり」などが考えられる。「どう考えるか型課題」を児童が主体的に追求し，単元で学んだことを活用して考え，学びを深めていくことが歴史を学ぶ意味を考えることであり，課題追求を通して，児童は，①「驚き・感動，共感・反発，歴史を作る人物の働き」，②「歴史の源流・基盤，歴史と自分の生活との関わり」，③「新たな見方・考え方，生活の見直し」，④「教訓・学び，これからの生き方，自分らしさの創造」，⑤「社会を形成する一員としての意識」を学び，感じ取れるようにする。歴史的学習の各単元において，このような歴史を学ぶ意味を考える学習を積み重ねることで，児童は歴史を学ぶ意味を実感できるようになると考える。

　（3）授業プラン「金閣と銀閣はどちらが日本らしいか」
①ねらい
　金閣と銀閣のどちらが日本らしいか考えることを通して，金閣も銀閣も日本文化にとって大切であり，現在の自分たちの生活や考え方の源流になっていることに気づくことができる。

②展　開

学習活動	指導上の留意点等
1. 本時のめあてを知る。	○金閣と銀閣の学習のまとめとして「金閣と銀閣はどちらが日本らしいか」という課題について考えることを提示する。
2. 金閣と銀閣のどちらが日本らしいか考え, 発表する。	○今での学習をもとに金閣と銀閣はどちらが日本らしいか考え, 発表する。 ○「書院造だから」「地味だから」「和室に似ているから」「庭がきれいだから」という理由で銀閣の方が日本らしいと考える児童が多いことが予想される。 ○金閣の方が日本らしいと考える児童は少ないと思われるが, 貴重な考えなので, その意見は学習活動4で生かすようにする。
3. 銀閣のもつ日本らしさを理解する。	○東求堂同仁斎の写真により畳, 襖, 障子, 違い棚, 付け書院など書院造の特徴を理解し, 現在の和室の源流となっていることに気づかせる。 ○質素で落ち着いた洗練された美しさが日本らしさを感じさせることを確認し, ほかに同じ特徴を持ったものがあるか考えさせる。 ○政治的背景による足利義政の銀閣への思いからも考えさせるようにする。
4. 金閣のもつ日本らしさについて考える。	○「金閣には日本らしさはないのだろうか」と問い, 以下の4つの見方を示して, 金閣のもつ日本らしいについて考えるようにする。 ・新たな見方1「金色は日本らしくないのか。」 ・新たな見方2「金閣は過去の日本の建築様式を集めた日本らしさがあるのではないか。」 ・新たな見方3「様々な建築様式のよさを程よく取り入れて一つの建築物を作ることは日本らしいのではないか。」 ・新たな見方4「書院造のような和室は, 現代の日本の家をみたときに本当に日本らしいと言えるのか。」 ○児童の考えに応じて児童同士または児童と教師の討論的な活動を取り入れる。
5. まとめをする。	○今日の授業で学んだことを書き, 発表させる。 ○金閣も銀閣もそれぞれ日本らしさがあり, その文化的価値を現在の私たちの生活や考え方とつながっていることに気づかせるようにする。

　本授業プランは, 金閣・銀閣という建造物を取り上げて, 「どちらが日本らしいか」という価値判断を含んだ対立的な課題を設定している。日本らしさという曖昧なものを問うことによって多様な見方・考え方を引き出し, 金閣は日本らしくないのかという既知の知識, 見方・考え方をゆさぶる視点を提示して, 現在の文化につながる金閣と銀閣の価値について考えさせるようにしている。この課題を追究することで, 児童は「歴史の源流・基盤, 歴史と自分の生活と

の関わり」「新たな見方・考え方」という視点から歴史を学ぶ意味を考えることができるであろう。

5 歴史的学習における地図帳の活用

　平成29年版小学校社会科学習指導要領では，第6学年歴史的学習の内容の取り扱いに「当時の世界との関わりにも目を向け，我が国の歴史を広い視野から捉えられるよう配慮すること」という記述が加わり，学習指導要領解説では世界の国々とのかかわりが深い歴史上の主な事象について調べる際に，当時の世界の動きがおおまかにわかる地図などの資料を用いるようにすることが示された。歴史的学習において地図を活用し，歴史的事象が起こった場所の地形や現在の都市との位置関係を調べたり，複数の地図を関連的にみたりすることにより，歴史的事象の関連や因果関係，背景や意味を考えることができるとともに歴史的事象と現在の生活との関連を考えることが可能となる。

　学習指導要領解説では「大陸文化の摂取」「元との戦い」「キリスト教の伝来」「黒船の来航」「日清・日露戦争」「日清戦争や我が国に関わる第二次世界大戦」の6つの内容が例示されているが，ほかの内容でも地図を積極的に活用し，当時の世界とのかかわりに目を向けるようにしたい。ここでは，歴史的学習において地図帳を活用して歴史的事象の関連や意味を考える授業プランとして，明治期における日本の近代化の原動力になった生糸の輸出を取り上げたプランを紹介する。

（1）生糸はどこへ輸出されたか

　明治初期，富岡製糸場（1872年）などで生産された生糸は横浜港からどこへ輸出されたか。世界地図を見て予想させる。輸送ルートも考えさせる。

　横浜開港当初は喜望峰を迂回する航路によるイギリスへの輸出が最も多く，ロンドンからヨーロッパ各国へ再輸出されていた。1869年のスエズ運河開通により地中海を通過して運ぶことで運搬時間が短縮され，フランスやイタリアへ直接生糸を輸出できるようになった。このころからフランスへの輸出が増え，

1873年にはフランスが第1位の輸出先となっている。とくに，汽船が大型化し燃料効率が向上する1880年代以降は，スエズ運河経由の汽船が日本とヨーロッパを結ぶ主ルートとなる。スエズ運河開通とヨーロッパへの生糸輸出ルートとのかかわりを，地図を使って気づかせるようにしたい。

（2）アメリカへの生糸輸出が増加したのはどうしてか

教科書に1890年と1910年の貿易品目の推移のグラフが掲載されている。このグラフからは，生糸が日本の近代化を支える輸出品であったことが読み取れる。近代紡績工業発祥の地である大阪は「日本のマンチェスター」と呼ばれる発展を遂げた。マンチェスターの位置を地図帳で確認し，紡績業の中心がヨーロッパから日本に移ったことに気づかせたい。そして，この時期生糸はどこへ輸出されていたのか子どもたちに問う。

日本の生糸はヨーロッパが主要輸出先であったが，1880年ごろからアメリカへの輸出が急増し，1884年からはアメリカが生糸輸出先の第1位となる。1920年代には日本の生糸輸出量の6割以上がアメリカへ輸出されるようになった。アメリカへの輸出が急増したのは，アメリカ絹織物業界の急速な発展と高品位生糸の需要増加が大きな要因である。

アメリカでは1869年にアメリカ横断鉄道が開通し，1870年には横浜とサンフランシスコを結ぶ太平洋汽船が運航を開始している。このことによって，横浜港から輸出された生糸は，太平洋からアメリカ大陸を横断し，ニューヨークの市場に運搬されるようになった。このように，アメリカへの生糸輸出も当時の交通の発達がかかわっている。

世界の中心がアメリカへ移り，日本とアメリカの相対的距離が縮まって日本とアメリカの関係が強くなっていくことに子どもたちは気づくだろう。日本の生糸の輸出と世界の交通の発達のように日本と世界で同時期に起こっていたことが関連づけられると歴史への関心も高まると思われる。

第4節　公民的学習

1　公民的学習とは

2017（平成29）年3月に平成29年版学習指導要領が告示された。その冒頭の目標には以下のように記述されている。

> 社会的な見方・考え方を働かせ，課題を追究したり解決したりする活動を通して，グローバル化する国際社会に主体的に生きる平和で民主的な国家及び社会の形成者に必要な<u>公民としての資質・能力</u>の基礎を次のとおり育成することを目指す。
> 　　　　　　　　　　　　　　　　　　　　　　　　　　＊下線は筆者加筆

2008年の平成20年版学習指導要領の目標には曖昧な表現をされていた「公民的資質」という文言が，平成29年版学習指導要領では「公民としての資質・能力」という文言になった。これにより社会科は「公民」を育てる教科であるとともに，小学校段階における「公民としての資質と能力」が必要とされることが明示された。

第3学年から第6学年までの学習内容で，主に公民的分野と考えられるものを以下に記した（「平成29年版小学校学習指導要領解説社会編」内容・内容の取扱いより引用）。

第3学年	①地域に見られる<u>生産や販売の仕事</u> ②地域の安全を守る働き
第4学年	①人々の健康や<u>生活環境</u>を支える事業 ②自然災害から<u>人々を守る</u>活動
第5学年	①我が国の国土の様子と<u>国民生活</u> ②我が国の農業や水産業における<u>食料生産</u>（特に価格や費用） ③我が国の<u>工業生産</u>（特に価格や費用） ④我が国の産業と情報との関わり
第6学年	①我が国の政治の動き ②グローバル化する世界と日本の役割

＊下線は筆者加筆

これらの公民的分野における学習では，地理的分野・歴史的分野との学習内

容を適時リンクさせながら，学習を進めていくことがなにより重要である。

2 第3学年での公民的学習

　小学校3年生で子どもたちは初めて社会科を学習する。まさに社会科学習のスタートであり，中学校までの社会科，高等学校での新科目「公共」，政治経済につながる重要な時期である。この社会科学習のスタート段階でいかに子どもたちに社会科のおもしろさ・奥深さを感じ取らせることができるかがこれからの社会科・公民科の学習を左右することになる重要な学年となる。本節では，3年生の学習内容のうち，とくに公民的分野との関連が強い内容について記述する。

　■単元例…働く人とわたしたちのくらし

　本単元は，中学校公民的分野との関連が強い単元である。授業展開としては2年生までの生活科における「まちたんけん」の学習経験を3年生の社会科学習にいきてくるようにしたい。「生産の仕事」と「販売の仕事」にかかわる学習を通して，現代社会の仕組みや働きと人々の生活について学ぶ単元である。

　子どもたちがおかれている状況（住んでいる地域）はさまざまである。工業地帯（町工場・伝統産業がある地域）や農林水産業が主産業である地域に住んでいる子ども，住宅街であるために地域の中心となる生産にかかわる産業があまりない地域に住んでいる子どももいる。居住地や学区内近辺に「生産」にかかわる仕事場がない場合は，道の駅（近隣地域の特産品などが製造・販売されている）での調査活動や移動販売車にかかわっている人との交流を通して学習を進めていくことが考えられる。子どもたちがおかれている地域の特性を把握し，適切な教材を選定する必要がある。その参考となることが解説に記載されている。

「生産の仕事」

> 　仕事の種類や産地の分布，仕事の工程などに着目して，生産に携わっている人々の仕事の様子を捉え，地域の人々の生活との関連を考え，表現する。

> 見学・調査したり地図などの資料で調べたりして，白地図などにまとめる。<u>生産の仕事は，地域の人々の生活と密接な関わりをもって行われていること</u>を理解する。
> 　　　　　　　　　　　　　　　　　　　　　　　　　＊下線は筆者加筆

　下線部は，生産の仕事についての要点である。生産の仕事は，さまざまな学習活動を通して，最終的に「地域の人々の生活との関連性」を探求していくこととなる。そのため，「産地などの位置や空間的な広がり」「仕事の様子などの事象や人々の相互関係」に着目させてくことが重要である。

　自分たちが住んでいる市区町村内には，「どのような仕事があるのか」「それはどのように分布しているのか」「仕事の工程はどのようになっているのか」「原材料の仕入れ先はどこか」「働いている人たちの様子はどうか」「それらは地域の人々の生活にどのように結びついているのか」などを探求させたい。

「販売の仕事」

> 　消費者の願い，販売の方法，他地域や外国との関わりなどに着目し，店舗等を見学・調査したり，資料で調べ，白地図などにまとめることを通して，販売に携わっている人々の仕事の様子を捉えさせる。さらに，それらの仕事に見られる工夫を考え，表現する活動を通して，<u>販売の仕事は，消費者の多様な願いを踏まえ売り上げを高めるよう，工夫して行われていること</u>を理解できるようにする。
> 　　　　　　　　　　　　　　　　　　　　　　　　　＊下線は筆者加筆

　販売の仕事については，消費者の多様な願いをふまえ，売り上げを高めるためにどのような工夫をしているかを考え，理解することが重要である。「販売者側と消費者双方の相互関係」に着目することが重要である。

　「消費者（自分自身や家族を中心として）の願いがどのようなものであるか」「販売の仕方に関して，どのような工夫（お店の雰囲気・商品の陳列・値段・会計・広告・従業員の服装など）をしているのか」「商品の産地や仕入れ先はどこか」「その商品はどうやって運ばれてくるのか」「ほかの地域や外国とのかかわりはどのようなものか」などを探究させたい。

　現在，我が国は少子高齢社会である。プライバシーに配慮しながら，子どもたちが「買い物弱者」について理解することも地域によっては必要になってく

るであろう。さまざまな理由から外出して買い物をすることができないお年寄りに対して，どのような販売の仕方があるのか・そのような方々はどのような願いがあるのかなどを調べさせることも，地域とのかかわりという視点から重要である。

3 第4学年での公民的学習

　4年生で学習する公民的分野の内容としては2つある。その1つが「人々の健康や生活環境を支える事業」である。ここでは，飲料水・電気・ガス・廃棄物処理に関する公共的な仕事（日々の自分たちの生活が，公共機関の働きによって支えられていること）に関することを学習する。飲料水・電気・ガスそれぞれの供給，ゴミや下水の処理については私たちの日常生活にとって欠かすことができない重要なものである。子どもにとっても身近な題材である。しかし，これらの仕事は日常生活のなかからでは実際の「もの」としてみえにくいため，それがどのようにつくられているか・どのように処理されているのかについては理解することがむずかしい。そこで，第4学年での社会科学習も見学が重要である。

　■単元例…健康なくらしとまちづくり

　山村部であれば，水力発電所や廃棄物処理場（子どもたちの健康に留意しながら），都市部であれば，浄水場・ゴミ処理施設・下水処理場，海岸部であれば原子力発電所や火力発電所などの見学が考えられる。現場での見学などが困難な場合は市区町村役場（水道局など），電力会社・ガス会社の営業所などにおける聞き取り調査が考えられる。これらにおいては選択して取り上げることになっているため，市区町村内や近隣の社会的資源を精査し，見学先を決めていくとよい。

　この単元においても，子どもたちの生活拠点や学校周辺にどのような社会的資源があるのかを的確に把握し，適切な教材を選定する必要がある。

「飲料水・電気・ガスを供給する事業」

> 　供給の仕組みや経路，県内外の人々の協力などに着目して，見学・調査したり地図などの資料で調べたりして，まとめ，飲料水，電気，ガスの供給のための事業の様子を捉えさせる。さらに，それらの事業が果たす役割を考え，表現することを通して，飲料水，電気，ガスを供給する事業は，安全で安定的に供給できるように進められていることや，<u>地域の人々の健康な生活の維持と向上に役立っている</u>ことが理解できるようにする。
> 　　　　　　　　　　　　　　　　　　　　　　　＊下線は筆者加筆

　今回の改訂から，これらの事業が安全かつ安定的に供給する仕組みが確立され計画的に改善されてきたこととその結果，地域の公衆衛生が向上し，健康な生活が維持・向上されてきたことにもふれることとなった。

　具体的な例として，昔は下水を十分に処理しないまま川・湖・海などに流していたことなどから疫病が発生したことなどにふれ，下水処理施設が完備されたことにより，公衆衛生の面でかなり改善されたことにふれるとよいと考える。

「廃棄物を処理する事業」

> 　処理の仕組みや再利用，県内外の人々の協力などに着目して，見学・調査したり地図などの資料で調べたりして，まとめ，廃棄物の処理のための事業の様子を捉えさせる。さらに，その事業が果たす役割を考え，表現することを通して，廃棄物を処理する事業は，衛生的な処理や資源の有効利用ができるように進められていることや，<u>生活環境の維持と向上</u>に役立っていることが理解できるようにする。
> 　　　　　　　　　　　　　　　　　　　　　　　＊下線は筆者加筆

　廃棄物の処理に関しても，衛生的に処理する仕組みが確立され，計画的に改善されてきた結果，地域の公衆衛生が向上し，人々の生活環境が維持・向上してきたことについてもふれることとなった。

　廃棄物を再利用するだけでなく，処理する過程で発生したエネルギーを有効に活用している施設もある。これは「エネルギー資源」の活用ともいえる。

　具体的に電気・ガス・廃棄物処理が関係したエネルギーの有効な活用方法としては，長野県松本市の「ラーラ松本」（温水プール・お風呂・スポーツ器具や運動場などがあり，松本市と近隣の村が合同で建設した複合施設）がある。隣に清掃工場である松本クリーンセンターがあり，そこで発生した余熱を有効利用し

ている。さまざまな運動教室が開催されており，松本市および近隣の人々の健康増進に役立っている。このような学区内外にある複合施設やごみ処理施設（清掃工場）の調査・見学学習を行うことは，第5学年で学習する自然環境に関する学習につながると考える。

4 第5学年での公民的学習

　第3学年では，自分が住む市区町村を中心とした地域のこと，第4学年では自分が住む都道府県を中心とした地域のことを学習した。学習内容が日常生活と直結していることや普段から見聞している内容であるため，自然に自分事として学習することが可能であった。しかし，第5学年では，学習対象の範囲が「我が国」と範囲が広くなる。そのため，できるだけ食料生産・工業生産・情報化に関することを子どもが自分事として捉え，自分の考えと社会事象との「ズレ」を感じ，問題解決的な学習を進めていくことをとおして，よりよい社会の実現に向けて自分と社会とのかかわりを考える能力を養うような学習展開をしたい。ここでは「食料生産」に絞って取り上げる。

　■単元例…わたしたちの生活と食料生産

　この単元では，わが国の食料生産の概要に関する内容と食料生産にかかわる人々の工夫や努力に関する内容から構成されている。

「食料生産に関わる人々の工夫や努力」

> 　生産の工程，人々の協力関係，技術の向上，輸送，価格や費用などに着目して，地図帳や地球儀，各種の資料で調べ，まとめ，食料生産に関わる人々の工夫や努力を捉え，その働きを考え，表現することを通して，食料生産に関わる人々は，生産性や品質を高めるように努力したり輸送方法や販売方法を工夫したりして，良質な食料を消費地に届けるなど，<u>食料生産を支えていること</u>を理解できるようにする。　　　　　　　　　　　　　　　＊下線部は筆者加筆

　農業分野も工業分野も同様に，第3学年で学習した「地域に見られる生産の仕事」において取り上げた事例と関連させることができるとよい。

　前述した食料生産にかかわる学習から，実際にその農産物をつくっている生

産者は「どのような工夫をしているだろうか」「どのような技術を活用しているのか」「学校（調理場）までどのような経路・手段で運ばれてくるのだろうか」「その農産物は1つあたりいくらなのだろうか」「余力があれば（どうして給食は1食300円程度で食べることができるのだろうか）。そのために途中でどのような人々がどのような努力・工夫をしているのか」などを考えさせることもできる。

地域の実態に応じて，農場や卸売市場の見学，生産者に対してインターネット・手紙や電話を利用して情報収集することも有効である。

■単元例…情報化した社会とわたしたちの生活

> 情報の種類，情報の活用の仕方などに着目して，聞き取り調査をしたり映像や新聞などの各種資料で調べたりして，まとめ，産業における情報活用の現状を捉え，情報を生かして発展する産業が国民生活に果たす役割を考え，表現することを通して，<u>大量の情報や情報通信技術の活用は，様々な産業を発展させ，国民生活を向上させている</u>ことを理解できるようにする。　　＊下線は筆者加筆

情報の種類としての代表例は，放送（テレビ）・新聞・インターネットである。

まず，これらの情報媒体は，私たちの国民生活に大きな影響を及ぼしていることを理解することが重要である。放送局や新聞社は数多くの情報を視聴者（読者）に簡潔にかつわかりやすく伝えるために，情報を選択・加工していることを理解する必要がある。子どもが，自分にとって本当に必要かつ重要な情報は何かを選択できる能力や得られた情報を活用する能力を育むために，テーマを決めた新聞スクラップ活動や放送局・新聞社を見学し，そこで働く人々への聞き取り調査をするなどして，情報の種類やその活用の仕方，それらの産業が国民生活に果たす役割などをまとめていく活動をしたい。

この単元において，見学などがむずかしい場合は，新聞記者や放送局（地元のFM局などの方々）をゲストティーチャーとしてお招きし，新聞の見方（情報収集の仕方など）や発信している数多くの情報がどのように国民生活（地域の

人々の生活）に役立っているかなどを語っていただくことも有意義な学習となる。

この単元の学習では，自他の個人情報の保護に関することや得た情報を適切に判断する力を育成することが重要である。

5　第6学年での公民的学習

第6学年での公民分野の学習は，わが国の政治（日本国憲法含む）の働きとグローバル化する世界と日本の役割について学習することをとおして，小学校社会科の目標である「公民的資質の基礎を養う」ことに迫っていく。

公民的分野における学習で重要なこととして，過去（歴史）の延長線上に現在が成立しているということを子どもたちに意識させることである。過去のさまざまな出来事の上に現代が成り立っており，現代を生きる私たち一人ひとりが未来を形づくっていくという意識をもたせることで，子どもたちからすると身近でないと捉えられがちな政治に関する学習を自分事として捉えられるようになる。

また，第6学年でふれる政治分野の学習内容（日本国憲法，国会・内閣・裁判所にかかわる三権分立，租税，地方公共団体など）は，中学校の公民的分野の学習に直結している。それだけに，まさに公民分野の基礎的内容といってよい。それだけに第5学年までの学習と同様に，事項の暗記が中心となるような学習展開は避けなければならない。

ここでは，子どもたちにとってあまり身近には感じられないであろう日本国憲法や政治の仕組みに関する学習を取り上げる。

■単元例…国の政治のしくみ

この小単元では，我が国の政治が国家や国民生活の基本を定めている日本国憲法の下で，立法・司法・行政の三権がそれぞれ果たしている役割や国・地方公共団体の政治が民主政治の考え方に基づいて，国民生活の安定と向上を図るために果たしている役割について学ぶ。

「日本国憲法と政治の仕組み」

> 　日本国憲法の基本的な考え方に着目して，見学・調査したり各種の資料で調べたりして，まとめ，我が国の民主政治を捉え，日本国憲法が国民生活に果たす役割や，国会，内閣，裁判所と国民との関わりを考え，表現することを通して，<u>日本国憲法は国家の理想，天皇の地位，国民としての権利及び義務など国家や国民生活の基本を定めていること</u>や，現在の我が国の民主政治は<u>日本国憲法の基本的な考え方に基づいていること</u>を理解するとともに，<u>立法，行政，司法の三権がそれぞれの役割を果たしていること</u>を理解できるようにする。
>
> 　　　　　　　　　　　　　　　　　　　　　　＊下線は筆者加筆

　日本国憲法は三大原則（国民主権・基本的人権の尊重・平和主義）があるが，この原則を具体的な課題を設定し，学習していくことが重要である。

　具体的に「国民主権」を例にすると，参政権（政治に参加する権利）は，国民主権に基づくものである。日本国を今後どのようにしていきたいのかを決めるのは国民一人ひとりであり，その代表者（議員）が，国・各地方公共団体のあり方を話し合いで決めていくことを理解させる。

　実際には，学習を進めていくうえで出てきた疑問を解決するために，可能であれば，市区町村議会議員（一般的に国政政党には所属していない議員が多い）を年齢層や男女のバランスを考慮して複数の議員をゲストティーチャーとして招くなどして，生活に直結したことを直接質問したり，政策についての話を聞くことも１つの学習方法として考えられる。議員は市区町村民から選出された特別職公務員である。公務員は憲法を遵守する義務があることから，各議員から話を聞くことは，わが国の政治の仕組みと日本国憲法の役割の理解につながることになる。

　また，市区町村議会の議場や市区町村役所などを見学することをとおして，市区町村の議長や首長と直接話をする機会を設けることもよいであろう。子どもに政治を身近に感じさせることができる機会となる。

　また，政治の学習では，租税に関する学習も重要である。税金を何のために，何にいくら使うのかを決めるのは私たちの代表者である首長・議員である。余

力があれば，主権者意識を育むために，自分が首長ならどうするかを考えさせてもよいであろう。

　三権分立のなかで，比較的子どもたちにとって身近でないものが司法である。日常生活のなかで，一般の人にとって裁判は縁遠いものであり，裁判所がある町は限られているため見学が容易でない。その場合は，地元で開業している弁護士・司法書士を活用することが考えられる。日本国憲法をはじめ，各種法律が国民生活の安定・平和のためにあることを学習するよい機会となる。

6　思考実験を活用した小学校における社会科学習

　社会的事象について，よりよい社会を考え主体的に問題解決をしようとする態度を養い，かつ多角的な思考や理解を通して，わが国の将来を担う国民としての自覚，世界の国々の人々とともに生きていくことの大切さを理解してもらうことが重要である。

　第6学年では，学習指導要領解説編に「地球規模で発生している課題の解決に向けた連携・協力などに着目する」とある。具体例として，紛争，環境破壊，飢餓，貧困，自然災害，人権など国境を越えた課題が記されている。子どもが課題解決に向けた連携・協力の大切さを理解する手段の1つとして社会科学習の最後に，子どもたちに「囚人のジレンマ」という思考実験をしてはどうであろうか。

　例題として，地球規模で発生している課題の1つである「環境問題（二酸化炭素排出量制限）」を個人・グループで考えさせてみる。

■設問

　お互いに地球環境保護に関心があるA国とB国があり，できるだけかけるお金を少なくしたいと考えているとする。地球温暖化を防ぐためには二酸化炭素の排出量を減らしていくことが望まれる。もし，両国が排出量削減に合意すれば，環境は守られると同時に，そのために必要なお金も同額（少なくて済む）とする。逆に両国が排出量削減に合意しなければ，環境保護に必要なお金が多

くなるものとする。

　しかし，両国の意見がそれぞれ「排出量削減・削減しない」に分かれた場合は，排出量の削減をしたほうの国の負担が，削減しなかった国の倍以上のお金が必要になるとする。さて，この場合，両国はお互いに協力して二酸化炭素排出量の削減に合意すべきか，それとも協力せずに工業発展策をとるべきか。

　実際の国際会議では，関係国が集まって会合をもつが，ここでは相談できないものとする。お互いに協力したほうが，協力しないよりも環境面でよりよい結果を得られるとわかっていながら，自国の利益を重視するあまり，協力しなくなるというジレンマである。自国が得をするように合理的な選択をしているにもかかわらず，好ましい結果が得られないという点でジレンマなのである（「囚人のジレンマ」については，岡田章『ゲーム理論・入門』（有斐閣，2015年）と逢沢明『直観でわかるゲーム理論』（東洋経済新報社，2012年）を参考にした）。

　このジレンマを友だち同士で行うことをとおして，環境問題は，1人ががんばっても解決しないことと国際協調のむずかしさを理解することができる。

　A国とB国はともに「削減する」か「削減しない」かを選択することができる。両国が「削減する」で合意すれば，その負担は両国とも30ずつで計60になる。しかし，一方の国が削減に協力しなければ，削減した国の負担が70：削減しなかった国の負担が30で計100になり，さらに削減したほうの国に負担が偏ることになる。この状態では削減国は納得できず，削減しないことになれば，両国とも負担は60：60となり，最悪の結果となる。両国が自国の都合を優先することで，お互いに損をする囚人のジレンマという状況に陥ってしまう（表2.1）。

　現在，21世紀末に地球温暖化によって生じる気候変動が深刻となることが懸念されており，オゾン層の破壊などにより地球の年間の平均気温が何度か上昇していることが，異常気象の原因の1つだと考えられている。地球温暖化は石油・石炭などの化石燃料を燃やすことで生じる二酸化炭素の排出量増加によるものと考えられており，それを誰がどの程度減らすのかが国際会議などで協議

表2.1 「囚人のジレンマ」自国の利益を優先すると最悪の結果を招く

		B国	
		排出を削減する（協力する）	排出を続ける（協力しない）
A国	排出を削減する（協力する）	30：30	70：30
A国	排出を続ける（協力しない）	30：70	60：60

注：数字は地球環境を守るために必要なお金の割合または金額（単位は自由に設定）。数字は教師の判断で変更可。

されている。しかし，工業発展（経済発展）を望む発展途上国の排出量の増加は著しいが，削減することに強く反対しているのが現状である。また，先進国が排出量を削減しても，発展途上国が排出量を減らさなければ，地球温暖化問題は解決しないというむずかしさがある。実際，先進国は，排出量が一定基準に達していない発展途上の国にお金を払うことで，その国が排出できる量分の二酸化炭素を排出している（排出権の購入）。

なお，この思考実験は，2022（令和4）年度から年次進行で実施される高等学校公民科の新科目「公共」の導入単元である「公共の扉」の学習につながるものである。

第3章

社会科の学習指導論

第1節 社会科の学習過程

1 社会科の学習過程

　学習の営みが進行していくプロセスのことを学習過程という。社会科学習は，学習の結果として習得する知識・技能だけではなく，学習の過程において思考力・判断力・表現力などの能力を伸ばし，社会的態度を培うことが必要であり，社会科にとって学習過程はたいへん重要なものである。

　学習過程は子どもと教師の両面から捉えることができる。学習者である子ども側から捉える場合は学習過程であり，指導者である教師の側から捉える場合は指導過程（教授過程）である。実際の授業においては，子どもの学習過程と教師の指導過程という2つの過程が相互に関連し補完しあって存在しており，授業は学習と指導が統合された学習指導過程のなかに成立するものであると捉えることができる。以下は，学習過程を学習指導過程としての概念も含むものとして考える。

　学習過程は，学習目標，教材，教師，子ども，学習の場，学習方法などの要素から構成され，これらの要素をもとにさまざまな学習過程が成立する。とくに重要なのは，教科・学習の目標・内容と子どもの興味・関心や既有の知識・経験をどう関連づけるかということである。学習過程は固定的なものではなく，子どもの興味・関心や既有の知識・経験を把握し，どのような教材，学習の場，学習方法を通して子どもが学習目標を達成できるかを考えて学習過程を構成していくことが必要である。

　学習過程はいくつかの学習段階を設けて構成される。学習過程への着目は，

ヘルバルトらによる教授段階論から始まる。ヘルバルトは明瞭・連合・系統・方法の4段階教授論を唱え，ラインは実際の学習に即して予備・提示・比較・総括・応用の5段階教授論を提示した。教授の5段階論は各教科の実践により修正が加えられ，明治末期には予備・教授・応用という3段階に定式化された。それが現在一般的に使われている導入・展開・終末という3段階区分に発展し，戦後は教授段階という言葉に代わって，学習段階が多く使われている。

2 社会科の学習指導論と学習過程

社会科では，これまでにも教科の特性に応じて多くの学習指導論が展開され，学習過程の工夫が図られている。学習指導論は，大別すると経験主義による問題解決学習と系統主義による系統学習の2つに分かれ，そのほかの学習指導論は両者の間にあってそれぞれに工夫が試みられている。

(1) 問題解決学習

問題解決学習は，子どもが自らの問題意識に基づいて学習問題を捉え，その解決をめざして，反省的思考を働かせながら探究活動を展開する学習である。問題解決学習の基礎となる反省的思考は，J.デューイのプラグマティズム認識論によるものである。デューイは教育を「絶えざる経験の再構成」と捉え，経験をより高次の経験へと再構成していく働きを反省的思考として，①困難の漠然とした自覚，②困難の明確化，③解決のための仮説の立案，④推理による仮説の検討，⑤検討された仮説の検証と結論の5つの段階を示した。初期社会科はこの考え方に大きな影響を受けたものであったが，「はいまわる経験主義」という批判もあり，1955（昭和30）年以降は系統学習に転換していった。しかし現在の社会科においても，切実な学習活動を生み出す「問題」を大切にし，体験活動を通して調べ，みんなが納得いく社会生活のあり方をめぐって考え合う問題解決学習のよさは引き継がれるとともに，現代の社会科に即した新しい問題解決学習のあり方も提案されている。

(2) 系統学習

系統学習は，教えるべき教育内容をあらかじめ決め，その内容を系統的に教授していく学習指導である。学習内容の科学性や系統性が重視され，教師による問題の提示と説明を中心に学習が展開される。系統学習は，教えるべき学習内容を順序立てて学習することを通して系統的な知識を効果的に習得させるのに適している。いっぽうで，教師主体の教授過程のもとで，子どもが受動的な立場になりがちな側面をもつ。

（3）発見学習

　1957年のスプートニクショックにより，アメリカで科学主義・学問中心カリキュラムによって教育内容を構成する教育の現代化運動が展開された。発見学習はそのなかで，主にJ.S.ブルーナーの『教育の過程』（1960）によって提唱されたもので，教科の本質的構造を子どもが創造するがごとく「再発見」するように組織した学習である。日本においても廣岡亮蔵が，教師が学習の諸条件を考慮して選定したものを課題と呼んで問題と区別し，系統学習か問題解決学習かという対立の止揚をめざして「課題解決学習」を提唱した（のちに「発見学習」という用語に統一された）。日本の発見学習は，廣岡を継承した水越敏行によって推進され，水越は発見学習を，学習者を知識の生成過程に参加させる学習方法と捉えた。社会科では「事実と事実，現象と現象との間に存在する関係，あるいは関係の関係」を発見させるものとし，基本過程として，①課題を捉える，②予想を立てる，③仮説に高める，④確かめる，⑤発展するの5段階をあげた。

　現在では，厳密な形で問題解決学習や課題解決学習（発見学習）が行われることは少ないが，今でも小学校社会科学習では問題解決的学習・課題解決的学習が重視される。学習問題と学習課題は区別されずに使われることが多いが，学習問題が生活のなかから児童が疑問に思ったことを取り上げて問題として設定するのに対し，学習課題は教師が学習のねらい・内容に即して資料提示し，設定するニュアンスが強い。スーパーマーケットの学習で，児童の毎日の買い物調べの結果からスーパーマーケットで買い物が多いことに気づき，「スー

パーマーケットへ買い物に行く人が多いのはどうしてだろう」と設定するのが学習問題的なのに対し，教師が示した日本の工業が盛んな地域の分布を表した地図から工業地域が太平洋側に広がっていることに気づき，「太平洋ベルトで工業が盛んなのはなぜか」と設定するのが学習課題的ということができるであろう。

1960～70年代にかけては，発見学習のほかにも範例学習，探究学習，検証学習など多くの学習指導論が提唱され，授業実践研究が盛んに行われた。その後もオープンエンドの社会科，提案する社会科などさまざまな学習指導論に基づく学習過程が示されている。これらの学習指導論・学習過程は現在の社会科においても学ぶことが多いが，学習過程を固定的に捉える危険性をもっている。学習過程は子どもや地域の実態，学習内容の特色などとの関連を図り，柔軟にかつ個性的に設定して実践するようにしたい。

3　社会科の学習過程の実際

現在の社会科の一般的な学習過程は，(1)「導入」(つかむ)，(2)「展開」(追究する)，(3)「終末」(まとめる)の3つの段階から考えられる。社会参画を意識した学習過程では，「まとめる」段階のあとに「深める・生かす」という段階を設けることもある。この学習過程は，数時間で構成される学習のまとまりである単元の学習過程のことをさす場合が多いが，1時間の授業の学習過程としても用いられる。中学年の社会科では，単元の学習過程が重視され，単元を通した連続的な追求が展開される連続型の単元構成をとるのに対し，高学年の社会科は単元の学習過程をふまえたうえで1時間の授業の学習過程に重きがおかれ，1時間の授業を積み重ねていく集合型の単元構成となることが多い。

(1) 導入 (つかむ段階)

導入はつかむ段階であり，単元の学習に対する動機づけを行うことがめざされる。子ども一人ひとりに単元の目標や内容に向けた興味・関心を喚起し，学習問題を把握して，問題解決に向けて見通しをもたせ，学習意欲を引き出すよ

うにする。単元の導入における問題把握から追究過程に関しては、「間口は狭く、奥行きは広く」といわれるように、はじめは小さな切り口から生まれた疑問であったものが、次第に問題意識を高めながら、学習の中心的内容に向けた追究につながっていくような導入でありたい。そのために、単元の導入は、①具体性、②明瞭性、③意外性、④必要性、⑤発展性の5つが大事だとされている。

　社会科授業における導入では教師の教材観や授業観によって、さまざまな導入方法が工夫される。子どもの生活経験を掘り起こしたり、子どもの学習経験を振り返ったりするなど、子どもの発達段階や興味・関心、生活経験・実態を生かした導入は効果的な方法の1つである。導入の具体的方法として最も多く用いられるのが、導入教材を工夫することである。写真や動画、図表、実物や模型などを提示し、問いかけを行いながら、子どもの既有知識や固定概念をゆさぶり、問題意識を高めていく。例えば、「聖武天皇と奈良の大仏」の授業の導入においては、大仏の写真を提示して「大仏の手のひらに何人乗れるだろうか」と問いかけ、予想を出し合ったあと、ダンボールでつくった実物大の大仏の手のひらに実際にみんなで乗ってみて、大仏の大きさを実感させるような工夫が行われる。この活動を通して感じた驚きが疑問を生み、問題意識を醸成していくことになる。

　つかむ段階では、導入教材などによる社会的事象と出合って興味・関心を喚起したあと、単元を貫く学習問題づくりが行われる。導入教材と問いかけで学習問題をつくることもあるが、導入教材のあとにさらに資料提示して問題意識を集約し、学習問題をつくる場合もある。例えば「火事からくらしを守る」の授業では、導入教材として火災現場のイラストを提示し、気づいたことや思ったことを出させたり、火事にかかわる経験を発表させたりして火事への興味・関心を高めたところで、市の人口と火事の件数の推移のグラフを示す。市の人口は増加しているのに火事の件数は減少していることに気づかせ、疑問に思うことを話し合って「火事からくらしを守り、火事を減らすためにどんな人がど

んな働きをしているのか」という学習問題につなげていくという流れが考えられる。

　単元を貫く学習問題を設定したあとは，学習計画づくり（問題解決の見通し）と仮説の設定（学習問題に対する予想）が行われる。ここでは学習計画づくりと仮説の設定を導入部に組み込んだが，展開部に位置づける場合もある。

（2）展開（追究する段階）

　展開は追究する段階である。追究する段階では，まずは，資料をもとに問題解決に必要な事実を調べ，次に，調べたことをもとに考え話し合う活動が行われる。このことから，展開部（追究する段階）は，展開①「調べる段階」と展開②「考える段階」の2つの段階に分けて考えることができる。

　学習問題（問い）は「どのように」型と「なぜ」型に大別することができる。「どのように」型の問いは，答えるときに，一連の出来事を順番にたどっていく思考がはたらく。過程，様子，手段，背景などに着目させ，調べる活動を促す問いである。いっぽう，「なぜ」型の問いは，答えるときに，結果から逆に連鎖をたどって原因を見つける思考がはたらく。意図や目的，行動に注目させ，考える活動を促す問いである。展開①（調べる段階）では，「どのように」型の問いを行い，調べる活動を通して事実関係を明らかにし，展開②では「なぜ」型の問いによって考える活動を行う流れが一般的である。例えば，「聖武天皇と奈良の大仏」の授業では，「聖武天皇はどのように大仏をつくったのだろうか」という問いより，大仏づくりの材料の量や集めた範囲，働いた人の数や協力した人物，使われた技術などを調べて大仏づくりが大事業だったことを理解したところで，児童から「聖武天皇はなぜ大仏をつくったのだろうか」という問いが生まれてくるように展開したいところである。追究する段階では，この展開①と展開②の活動を通して，問題の解決を図っていく。問題の解決を図るとは，調べてわかった事実と事実を比較したり，関連づけたり，総合したりして社会的な意味を考え見いだすことである。したがって，社会科学習における追究段階では，「社会的事象のもつ社会的意味を理解する」ことをめざして学

習が展開される。

　調べる段階では体験的活動や調査活動など多様な学習活動が行われる。また，考える段階では考えを深めるためにさまざまに工夫された話し合い活動が展開される。学習活動や話し合い活動の工夫については，第2節の「社会科の学習形態と学習活動」を参照されたい。

（3）終末（まとめる段階）

　終末は単元のまとめである。まとめる段階には大きく2つの役割がある。

　1つは，学習問題を解決することである。学習問題を振り返り，調べてわかったことや考えたことをもとに，導入時に設定した学習問題を解決し，学習内容をまとめることが行われる。追究段階で調べ考えてきたノートなどをもとに，学習問題に立ち返って解決のための話し合い活動を行ったり，学習内容を振り返って自分の考えをノートや作品にまとめる活動を行ったりする。このとき，追求対象となった個々の事象の状況や過程など事実関係だけでなく，事象間の関係や事象のもつ意味を考え，問題の構造や背後にある社会関係に着目するようにする。社会科授業は「見えるものから見えないものへ」といわれるように，具体的な事実をもとに抽象的な概念や考えを導けるようにしたい。

　もう1つの役割は，学習を発展させることである。問題の解決に向けた追究を通して発展的な問題を見いだし，さらなる追究意欲を高めたり，社会の現実に目を向けこれからのことを考え，自分なりの意思決定をしたりすることが行われる。まとめる段階では，学習問題を解決してまとめることにとどまらず，新たな視点や資料を提示して「～なのになぜ」という新たな問いを追求したり，未来に目を向けて「これからどうあるべきか」「自分ならどうすべきか」という提案を行ったりして学習を発展させるようにしたい。学習成果を整理し，学校外の人々に発信するような活動も考えられる。

　まとめる段階の学習活動において大事にすべきことは以下の2点である。

　第一は，見通しをもった活動を行うことである。まとめる段階になって「新聞をつくろう」などと投げかけてもまとめの活動の質は高まらない。学習問題

をつくり，学習計画を立てる段階で，どのようなまとめを行うか見通しを立てておくようにしたい。新聞にまとめる活動を行う場合には，追究する段階で毎時間のまとめとして記事をつくり，それをまとめて新聞を構成するなどの工夫をすると，追究する段階とまとめる段階とのつながりが生まれ，時間も短縮できる。

　第二は，指導の意図や児童の実態に応じて効果的なまとめ方を取り入れることである。新聞やパンフレット，マップやレポート，関係図などにまとめる活動が多く行われるが，討論会を開いて意見交流を行ったり，自分たちの考えをウェブサイトなどで発信したりする活動など，まとめる方法はさまざまな工夫が考えられる。調べたことをもとに子どもたちがパンフレット，イラストマップ，ポスターなどの方法から選択してまとめることも可能である。

　調べて考えたことをまとめる活動は，思考力・判断力・表現力を育成する大切な場面である。好きな方法で好きなようにまとめさせるのではなく，まとめで身につけたい力に即した方法を取り上げ，まとめのポイントを指導してまとめを行うようにすべきである。

（4）1時間の授業の学習過程

　1時間の授業においても，「つかむ」「追究する」「まとめる」の3段階の学習過程をとることが一般的である。「つかむ」段階では，本時の学習対象となる社会的事象と出会い，本時の問いを把握する。「追究する」段階では，前半は本時の問いを解決するために資料を活用して調べ（「調べる段階」），後半は調べてわかったことをもとに，本時の問いについて考え，検討する（「考える段階」）。「まとめる」段階では，わかったことを整理し，自分の考えをまとめる。以下，6年生の単元「世界に歩み出した日本」（6時間計画）の第3時「日清戦争と日露戦争」を例に，1時間の具体的な学習過程について述べたい。

　「つかむ」段階では，朝鮮をめぐる日本，ロシア，中国を描いた風刺画から当時の東アジアの情勢に気づかせ，朝鮮をめぐって日本と清，日本とロシアが戦争を行ったことを押さえ，「2つの戦争によって日本は世界の国々との関係

はどう変わったか」という学習のめあてを設定する。「追究する」段階の前半では，「2つの戦争はどんな戦争だったか調べよう」という問いにより，教科書や資料を活用して戦争の様子や結果などを調べ，2つの戦争を対比しワークシートにまとめさせ，発表させて共有化を図る。後半は「2つの戦争は日本にとってどんな意味があったか考えよう」という問いにより，話し合い活動を取り入れて，2つの戦争に勝利したことで日本の産業が発展するとともに国際的地位が向上したことを導き出す。「まとめる」段階では，学習内容を自分の言葉でまとめるとともに，与謝野晶子の「君しにたまふことなかれ」の詩を提示して戦争による負の側面も考えさせるようにする。この学習展開は1つの例であるが，小学校社会科の問題解決的な学習過程がイメージできるのではないかと思われる。

　大学の授業において社会科模擬授業を行う場合は，1時間の授業を取り上げて授業することになる。「日清戦争と日露戦争」を題材として授業する場合，日清戦争と日露戦争のことを教えようとするのではなく，例で示したような問題解決的な学習過程を通して子どもが主体的に日清・日露戦争について調べ考える授業をめざして模擬授業に取り組みたい。

第2節　社会科の学習形態と学習活動

1　社会科授業と学習形態

　小学校社会科の授業風景をイメージするとき，どんな場面が浮かぶであろうか。教師が説明して板書し子どもがノートに書いている場面，グループで課題について話し合っている場面，教師の発問に対してとなりの子と意見交流している場面，個々の子どもが見学や調査をしている場面など，さまざまな形態で授業が行われていることに気づくはずである。社会科授業では，学習内容や学習過程に即して多様な学習形態で授業が展開される。

（1）一斉学習

教師が学習集団に対して目標，内容，方法を同一にして行う教えることを一斉指導（教授）といい，知識や技能を効果的に伝達する場合には有効な方法である。受け身で暗記中心の授業になりがちで，個に対応した指導がむずかしいという課題があるものの，今日の学校教育において一斉指導は依然として基本的な授業形態の1つである。大事なことは，一斉指導を一斉画一的指導にせず，一斉に教えながらも一人ひとりの子どもの見方・考え方を生かして一人ひとりの学びの充実を図る「一斉学習」を指向することである。そのためには，教材・教具を活用したり，作業させたり，ペアによる意見交流やバズ学習を取り入れたり，討論をさせたりするなどの工夫し，クラス全体でつくり上げていく学習にすることが大事である。

（2）一人学習

　一人学習（個別学習）は，子ども一人ひとりの能力，適性，興味・関心などの個性に応じて学習を展開する形態で一斉指導と対極関係にある。学習の基本は自ら学ぶことであるから，一人学習は学びの基本的な形である。しかし，指導が不十分なまま子どもに一人学習をさせるならば，放任に近い状態をつくることになる。事前に何をどのように学習するのかを明確にして学習に取り組ませることが必要である。例えば，学習課題の解決のために調べる活動を行う一人学習の場面では，一人ひとりの学びの個性化が図れる課題を設定し，調べる内容，調べ方やまとめ方，調べる資料を明示して学習に取り組ませ，個に応じた指導・支援するなどして学習の充実を図ることが求められる。

（3）グループ学習

　グループ学習は，一斉学習と比べると，①一人ひとりの個性に即した学びが行いやすく，子どもの主体性が発揮される，②一人ひとりに役割と責任を自覚させ，協同性を育める，③グループでの学び合いにより，多様性にふれて考えを深化できるとともに合意形成の力を育めるというよさがある。「平和で民主的な国家及び社会の形成者として必要な公民として必要な資質・能力の基礎を養うこと」をめざす社会科とって，グループ学習はきわめて重要な学習形態で

ある。

　グループ学習では，どのようにグループを構成するかが課題となる。クラスの生活班を学習グループとする場合もあるし，同じ課題をもつ者同士が組む課題別グループで学習する場合もあるが，いろいろな能力やさまざまな考えをもつ子どもたちが課題解決に向けて計画を立て，意見を交流し，協力しあっていくなかで民主的，自主的，創造的な学びを展開するというグループ学習の本質を大切にしたい。

　安易にグループ学習を取り入れても，学習のめあてや活動の見通しがあいまいでは学習の成果は上がらない。グループ学習には，①活発に活動していても学びが少ない，②中心的メンバーと従属的メンバーの学びの差がある，③教師の指導・支援が行き届かない，④学習の評価がむずかしいなどの課題もある。グループ学習を充実させるには，何をどのようにどれくらいやるのか明確にして活動する，グループ学習に入る前に一人ひとりが意見をもつ，グループによって活動の内容・質や進み具合に差が出ないようにする，グループ学習を次の学習展開に生かして各グループの学びを共有化するなど，グループ学習の長所を生かして課題を克服するような工夫を行う必要がある。

　以上の3つの学習形態は，実際の単元の学習においては，学習過程の各段階で使い分けられる場合が多い。導入は一斉学習で行い，展開では一人学習，グループ学習，一斉学習が繰り返され，終末は一人学習でまとめるというようにである。例えば，第6学年の単元「聖武天皇と奈良の大仏」では，学習過程の段階に沿って以下のような学習形態を取り入れることが考えられる。

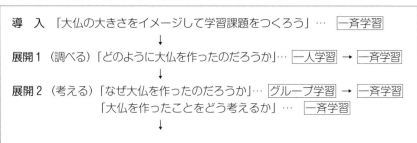

| 終　末 | 「大仏新聞を作ろう」… | 一人学習 |

2　ジグソー学習

　平成29年版学習指導要領で強調された「主体的・対話的で深い学び」を展開するための学習方法の１つとして，アメリカの社会心理学者であるアロンソンが提唱したグループ学習であるジグソー学習がある。ジグソー学習は，ジグソーグループ（ホームグループ）で学習問題を解決するために，グループのメンバーで調べる課題を分担し，同じ課題をもつものでつくられたエキスパートグループに分かれて協力して調べ（エキスパート活動），それをジグソーグループにもち帰って発表・交流・検討（ジグソー活動）する学習である。

　ジグソー学習を取り入れた実践例として大塚（2001）による第６学年「新しい日本の出発」の実践がある（「共に学び合う児童の育成～ジグソー学習の活用～」群馬県小中学校教育研究会小学校社会科部会『小学校社会科実践事例集』）。「戦後の日本がめざした『民主主義の国』とはどのような国か考えよう」という共通問題を設定し，その解決のために選挙法改正，労働基本法，農地改革，教育基本法，日本国憲法の５つの戦後の改革を取り上げて調べることにする。５つの改革のなかで自分が調べる課題を決め，エキスパートグループに分かれて協力して調べ，発表用レジュメをつくってジグソーグループで発表しあう。最後にクラス全体でそれぞれの改革の内容を確認し，民主主義の国とはどんな国か話し合うという流れである。子どもたちは，民主主義の国を，国民中心ですべての人が平等で自由に生きられる国とまとめている。

　ジグソー学習は，全員に役割と責任が与えられるため，一人ひとりが主体的に学びがいをもって学習に取り組め，調べる活動でも伝え合う活動でも仲間とともに学ぶ協同的な学習が展開される。そして，一人ひとりの学びをもとに学習問題解決に向けて話し合うことによって，深い学びが実現できる。大塚の実践においても，一人ひとりが責任感をもち互いに助け合い高め合う学習が展開さ

れたとともに，戦後の改革によって現在の日本の基礎ができたことを理解し，今の日本は国民中心であり，自分たちが将来国を担う存在であることに気づいたように学びが深まっている。

　ジグソー学習には，自分が担当しない部分の理解が十分でない，エキスパート活動での協同的学びやジグソー活動での相互作用が不十分という課題がある。そのため，ジグソー学習の質的向上を図るために，エキスパート活動においては，調べる内容を問いの形で明確に示す，主体的に課題について調べ対話的な学びを促すヒントカードを用意する，自力で調べたあとにグループ内で交流を図って調べた内容を共有化するなどの工夫が行われる。ジグソー活動においては，多様な発表資料・方法やワークシートの作成，前半を調べた内容を共有する場面，後半それをもとに話し合う場面にするなどの工夫が行われている。

3　社会科授業と学習活動

　社会科学習はさまざまな活動を伴って学習が展開される。小学校社会科学習指導要領においても，4章「指導計画の作成と内容の取り扱い」の2「内容の取り扱いについての配慮事項」(1) に，「観察や見学，聞き取りなどの調査活動を含む具体的な体験を伴う活動やそれに基づく表現活動の一層の充実を図ること」と記されており，学習活動を工夫することが求められている。社会科学習に取り入れられる学習活動や学習方法の種類，その特徴や留意事項をふまえて学習指導にあたるようにしたい。以下，基礎的な学習活動・学習方法について例をあげて紹介する。

(1) 体験的・作業的活動

　体験とは，自らの身体的活動のことである。経験が客観的で体験から得た知識・技能までをさすのに比べ，体験はより身体的・直接的である。全身的・全人格的な認識であり，人間形成の核になるものである。体験と近い活動に作業があるが，体験が身体的な活動そのものをさすのに対し，作業は頭や体を使って行う活動（働きかけ）を意味する。活動の意味を自分の内側へと求心的に捉え

たものが体験であり，外側へと遠心的に捉えたものが作業である。以下は，体験的・作業的活動とまとめて述べていく。

体験的・作業的活動は，児童が興味・関心をもって学習に取り組めるとともに実感的理解や共感的理解を得られるもので，学習に積極的に取り入れることが期待される。しかしながら，体験的・作業的活動に対しては，「体験さえすればいいのか」「作業ばかりで内容がない」「時間がかかりすぎる」などとの批判があとを絶たない。体験的・作業的活動を充実させるためには，指導計画上での位置づけを明確にし，目標・内容との関連や活動の意味を自覚して取り組むこと，結果ばかりにとらわれず活動の過程を重視すること，活動の振り返りを行うこと，目標・内容と子どもの実態との整合性を図って活動を組み立てることが重要である。

（2）観察・調査活動

社会科学習は調べ考える学習といわれるように，社会科学習において調べる活動は重要な活動である。その代表的なものが観察・調査活動である。観察活動がねらいに沿って社会的事象を注意深くみることによる気づきを重視するのに対し，調査活動は学習のなかで生まれた疑問や課題を調べることによって明らかにすることに重きがおかれる。観察・調査活動は，その対象のちがいによって直接（具体的）観察・調査活動と間接的観察・調査活動に分けることができる。

直接観察・調査の主な活動として，地域に出かけて実地に観察・調査活動を行う野外観察・調査（フィールド・ワーク）があげられる。中学年の地域学習では，地域の土地利用，公共施設や古い建造物，商店，農家や工場，歴史資料館，浄水場やクリーンセンターなど実際に地域に出かけ，調べ考える学習を展開する場面は数多く存在する。野外観察・調査は，計画に時間と手間がかかり安全面の配慮も必要であるが，社会科における重要な活動であり，積極的に行うようにしたい。地域にある学習素材の教材化を図るうえでも，まずは教師自身が野外観察・調査を行い，地域を知ることが重要である。

見学活動も直接観察・調査活動の1つの形態である。例えばスーパマーケットに見学に行く場合には、売り場や働く人の様子を観察して工夫に気づかせる活動と事前に設定した課題を調べて予想を確かめたり、働く人にインタビューしたりして調査する活動の両方を大切にしたい。

　間接観察・調査の中心的な活動は、資料活用の場面で行われる。高学年の社会科学習では学習対象が空間的にも時間的にも広がるため、文書資料、図表、地図・地球儀、年表、統計資料、絵画資料、視聴覚資料、実物資料などの多様な間接的資料を活用して調べることになる。インターネットなどのICTを活用して情報を収集することも多くなる。調査目的に応じて、複数の資料を効果的に収集し、活用して調べることが必要である。

　資料（情報）活用の技能は、資料を収集する技能、収集した資料を読み取る技能、読み取った資料をまとめる技能にまとめることができる。これから技能を課題解決の過程において身につけていけるようにすることが求められる。

（3）話し合い活動

　話し合い活動は、社会科における中心的な学習活動である。学級で共通して追究する学習問題を練り上げていく場面や調べたことをもとに学習問題の解決に向けて検討する場面などは、話し合いの充実ぶりが授業の成否を決めることもある。学習問題の解決に向けた話し合いの場面は、授業の山場である。それまでの学習をもとに子どもたちが話し合う必要性を感じるテーマを設定し、テーマについて一人ひとりが意見をもって話し合いに活動に臨むことで、充実した活発な話し合い活動になる。また、話し合い活動の充実を図るためには、学級集団が学習集団として機能していることが必要である。認め合い高め合う学級の雰囲気を築くとともに、他教科の学習指導も含めて話し合い活動の技能を習得させていくことが大事である。

　話し合い活動には、バズ・セッション、パネルディスカッション、討論やディベートなど多様な形式がある。授業のねらいに効果的にせまることができる話し合い活動を取り入れたり、開発したりするようにしたい。例えば、筆者

が行った「新安中駅前の開発」の実践では，市の開発基本計画に基づいて子どもたちがつくった駅前の開発計画案について，それが住民にとって本当にいいものかどうか，一人ひとりがプロフィールを有した地域の住民の役割になりきって討論する「ロールプレイング・シミュレーション」による話し合い活動を行った。自分が取得した役割から考えた全体としての賛否とその理由に加え，計画の賛成点と反対点を各自が考えて話し合い活動を行ったことで，「にぎやかさ・便利さ」と「自然・環境」の対立を中心に，水，交通，地域の雰囲気，観光など多様な観点から地域住民の立場で活発な意見が出された。

（4）表現活動

　話し合い活動も音声言語による表現活動であるが，ここではほかのさまざまな表現活動を取り上げる。前述（3）で紹介した「新安中駅前の開発」の実践では，話し合い活動のあと，各自が駅前計画図を作成し，ポスターセッションで発表するという表現活動を行っている。

　文字言語による表現活動の代表はノートづくりである。教師が黒板に書いたことを写す受動的な「とるノート」ではなく，子どもが追求し考える過程を書く「つくるノート」へノート観を転換させる必要がある。社会科授業の名人といわれた有田和正は「ノートは思考の作戦基地である」という言葉を残している。ノートづくりにおいては，単元のまとめとしてノート見開き2ページに単元のキーワードを取り入れて学習内容をまとめる活動なども行われている。書く表現活動には，ほかにもワークシート，吹き出し，レポート作成，新聞づくり，パンフレットづくりなど多くの活動がある。いずれの活動もノートづくりと組み合わせて進めるようにしたい。

　新聞やパンフレットにまとめる活動では，それまでの学習での学びをもとに，子ども一人ひとりのよさを生かしつつ，ねらい達成のためにクラス全体としての学習の質的向上を図る必要がある。そのためには，活動のねらいを明確化し，紙面構成や内容の取り上げ方などについて事前の指導をしっかり行ったうえで，評価項目やルーブリックなどを作成して一人ひとりの活動を評価しながら指

導・支援することが大事である。

　言語的表現のほかにも多くの表現活動がある。まず，自分の考えをイラストで表したり，学習の成果としてポスターを作成するなどの絵画的表現がある。マンガや絵本づくりなどの活動や図に表したりする活動も含まれる。言語的表現と絵画的表現を組み合わせた活動として，学習したことを生かしてかるたづくりをする活動がある。都道府県かるたや歴史人物かるたづくりなどに取り組む例もみられる。

　社会科においては，音声・映像的表現活動も重要な活動である。音声・映像的表現活動は，子どもとフィールドを結ぶ活動を生み出しやすい。商店街へ出かけ，写真や映像を撮影したり，商店で働く人や買い物をする人にインタビューしたりする活動はその一例である。それを教室で再び視聴して商店街の様子や商店の工夫を話し合ったり，商店街を中心としてまちの様子を紹介する放送番組づくりを行ったりするなど，学習は多様に展開することができる。

　ほかにも地図や年表をつくる活動，模型や実物をつくる造形的表現活動，劇づくりをする活動など社会科には多様な学習活動があり，学習の目的・内容と照らし合わせて，学習過程のどの段階にどのような学習活動を取り入れるかを考えるようにする。

　学習活動を効果的に組み合わせて学習の充実を図るためには，まず教師自身が子どもに先んじてそれぞれの活動を体験してみる必要がある。教師自身の学習体験によって学習活動の特性を実感的に理解することで，子どもの側に立つ学習指導の原理がみえてくるのである。

第3節　社会科におけるICTの活用

　社会の情報化はまさに日進月歩の状態にある。パソコンやスマートフォンを利用してインターネットで情報のやりとりをするのは当たり前であり，さらにAIやIoT，ビッグデータなどの技術革新による生活の変化も進んでいる。学

習指導要領でも，小学校では「コンピュータなどを活用して，情報の収集やまとめなどをおこなうようにすること」，中学校では「コンピュータや情報通信ネットワークなどの情報手段を積極的に活用し，指導に生かすこと」を求めている（「第3　指導計画の作成と内容の取扱い」による）。

1　ICT とは何か

　ICT（Information and Communication Technology）とは，情報通信技術を意味する。それ以前に使われていた IT という言葉に比べ，「Communication（通信，伝達）」という言葉が入っていることから，情報の一方的な伝授だけではなく，そのやりとりが重視されたものといえよう。

　教育における ICT といった場合，一般的には従前の黒板や紙（教科書やノート，ワークシートなど），鉛筆などを使う授業に加え，パソコン（タブレット）や電子黒板，インターネット，デジタルコンテンツなどを使う授業と考えられている。ICT 活用には教師による授業準備と授業での活用，児童の授業での活用などが考えられるが，本節では主に教師による授業での活用方法について考えていく。

　ICT 活用は「子どもたちの学習への興味・関心を高め，分かりやすい授業や子どもたちの主体的・協働的な学び（いわゆる「アクティブ・ラーニング」）を実現する上で効果的であり，確かな学力の育成に資する」（平成26年度『文部科学白書』第11章総論）ものであり，社会科学習においても効果が大きい。ICT 活用の強みには大量の情報を扱えること，カスタマイズが容易であること，時間や空間を問わずに情報の収集や蓄積，やりとりができること，双方向性を有することなどがあげられる（「2020年代に向けた教育の情報化に関する懇談会」最終まとめ）。それらをふまえて，社会科における ICT の活用について述べる。

2　授業で準備する ICT 機器

　授業でまず準備すべきは，プロジェクターと資料を投影させるスクリーンま

たは電子黒板である。どのような資料を投影するかは教師の腕の見せ所である。さまざまな機器をプロジェクターにつなげ，資料を提示する。

　プロジェクターに関しては，光の明るさの量が大きいほうが授業をしやすい。暗いと，画面を見せるために教室全体を暗くしなければならない。教室が暗くなると，ノートがとれなくなるし，集中力もなくなる。焦点距離は短いほうが，教師と児童が離れなくなるし，児童から機器を遠ざけることができるので集中力も保てる。スクリーンは中央のほうが見やすいので，画像や映像に集中させるだけならそれでもよいが，板書や資料掲示を併用する場合はスクリーンを黒板の左右どちらかに寄せておく必要がある（窓からの光の差し込みを考えると右寄せのほうが見やすい）。スクリーン上の1つの情報を全員が見ることで，意識が集中するし，授業での一体感も生まれる。

　以下のような機器をプロジェクターにつなげることが考えられる。

（1）実物投影機（書画カメラ・OHC）

　実物投影機をつなげることで，教科書の図や児童生徒のノートや制作物，教師が用意した資料（写真資料など平面的ものだけでなく立体的なものも）を拡大して提示できる。注目させたいところをさらに拡大したり，資料に書き込みをしたり，資料を動かしたりしながら提示できるのも魅力である。その場にあるものを，その場で扱いながらそのようすを提示できるので，臨場感がある。児童の考えや学習作業結果をすぐに提示することができるので，児童間，児童と教師間の情報交換も行いやすい。拡大した資料などをわざわざ用意しなくても，簡単に資料を提示できるのもよい。使用例としては，以下のようなものが考えられる。

・児童の絵やイラスト，文字を使った学習のまとめを提示する。
・ノートに表れた考えの変化を，順を追って提示する。
・雨温図の作成の仕方を，児童が使用しているワークシートに書き込みながら提示する。

---

(2) パソコン・タブレット

　パソコンやタブレット（スマートフォンを含む）をつなげることで，画像や映像，音声，ウェブサイトなど，デジタル化したさまざまなものを提示できる。パソコンやタブレットでできることすべてを提示できるので，可能性は無限に広がる。

　使用例の1つとしてマイクロソフト社のパワーポイントなどのプレゼンテーションソフトを使い，資料を提示することがある。さまざまな資料を提示することが可能であり，児童の思考活動におおいに高めることができる。たくさんの資料を提示する場合，たいへん効果がある。文書資料の提示には向かず，画像の提示に大きく力を発揮する。画像を比較したり，重ねたりして提示することも可能で，児童の学習理解におおいに役立つ。ただし，資料提示に偏った一方的な授業にならぬよう十分に考慮し，児童が考える時間を確保し，考えを反映させた授業にしたい。授業の流れを想定し，さまざまなスライドを用意しておくが，スライドの差し替えや追加などが容易なので，単元を進めていくなかで調整する必要がある場合にもすぐに対応できる。作成の際，多くの資料から厳選した資料を提示することになるので，日頃からデジタル化された資料を蓄積する習慣や，必要に応じて紙資料などもデジタル化して保管する習慣をつけておく必要がある。スライドショーではなく，1枚の画像を提示するのであれば，準備や見やすさを考えてみると，あまり効果的ではない。

　ほかに，スカイプなどのインターネット電話サービスを使って遠隔地の学校などと即時に情報のやりとりをすることも可能である。ふだん交流できない人たちと直接情報のやりとりをすることができるので，児童にとってたいへん刺激的なものとなる。その場合は，教師の準備や相手先との調整が必要になる。使用例として，以下のようなものが考えられる。

・寒い地域と暑い地域双方の学校をつなぎ，生活の工夫や苦労について話し合う。
・学校と漁港で働く人をつなぎ，児童が疑問に思っていることなどをインタ

> ビューする。

　近年，学校教育の現場にもタブレットがだいぶ普及してきた。タブレットのよさは，タップやフリック，ピンチインやピンチアウトなど，画面に直接触れながら，直感的な作業ができることである（タブレットPCなど，キーボードやマウスが使える場合でも，画面上の操作を好む児童が多い）。また，複数のタブレット間で情報のやりとりをし，複数のタブレットからプロジェクターに情報を送ることもできる。タブレットを教室内で複数使用できる場合は，次のような学習が考えられる。その台数によって，活動は個人で行っても，グループで行ってもよい。

- ・タブレットを持って取材や調査を行い，インタビューしたことや自分が注目した事象を，画像や映像などに記録する。
- ・学習課題をインターネットで調べる。
- ・自分（自分たち）の考えを，画像や映像を使ってまとめたり，映像作品に仕上げたりする。
- ・上記のような活動でわかったことや考えたことを，プロジェクターを通して発表し，交流を行う。

3　提示する資料

　ICT機器を利用して提示できる資料として，文書資料，音声資料，画像資料，映像資料があげられる。これらの資料の特性とICT機器を使用したうえでの効果についてまとめてみた。

（1）文書資料

　内容が明確に文字化されているので正確性が高く，何度も読み返しのできるよさもある。一覧性を高めると文字は小さくなるので，プロジェクターなどで投影しても読みづらい。文字の書きぶりなどから情報を読ませるのでなければ，紙資料に印刷したものを手元に置き，読ませるのがよい。ただし，名言や格言など文字数が少ないものを提示する場合は，画像と同じような効果が期待できる。

（2）音声資料

　社会科でいえば民族音楽や有名な演説，火縄銃発砲音など，言語化しにくく音声による資料提示が有効なものがある。音楽などの場合，流動性が高く，自分がどの部分でどのようなことを考えたかとどめておくことがむずかしいので，資料として提示しづらい。ICT機器を利用する場合は，画像や映像とあわせて提示することが多くなる。

（3）画像資料

　「一枚の絵は一万字にまさる」（大伴昌司）というように，画像のもつ力は大きい。情報量が多く，児童により注目するところも変わってくるので，意見を交流させることで多角的な見方から考えさせることができる。複数の画像を提示すれば，比較ができる。相違点や類似点を調べたり，推移や変化を調べたりすることができる。プロジェクターで複数画像を提示する場合，画像を切り替えるたびに，前の画像が消えることになる。じっくり比較させたい場合は，紙資料を併用するなどの工夫が必要である。画像を1つだけ提示するのであれば，ICT機器を利用するより，ある程度の大きさの画像を紙に印刷したものを配布し，手元に置きじっくり調べさせるのがよい。画像から見つけたことや考えたことをまとめる場合は，児童の手元の紙資料に個人の考えを記入させ，黒板などに拡大して掲示した紙資料にクラス全体の考えを記入させるなど，従前の方法のほうが適している場合もあるので，検討が必要である。

（4）映像資料

　画像資料や音声資料に比べても圧倒的に情報量が多い。動きや状況など言語化しづらいものを説明する際，効果を発揮する。情報量が多すぎることや，音声資料と同様に流動性が高く，自分がどの部分でどのようなことを考えたかとどめておくことがむずかしいことから，扱いには注意が必要である。動きを提示する場合，GIFアニメの資料を用意（収集あるいは作成）し提示することで，注目させたい部分を繰り返し提示できるので効果が大きい。

ICT機器は地域や学校によって整備状況が異なるので，それに合わせて対応せねばならない。また，ICT機器を使うことは目的ではなく手段なので，従前の方法も合わせて最適な方法を検討していく必要がある。

第4節　社会科の評価

1　学習評価とは

　学習評価は，学校における学習活動に関し，児童の学習状況を評価するものである。「評価」は日頃からよく耳にする言葉であるが，学習の成果を数値で表した評定を評価として捉え，「学習評価＝テスト・成績」という理解する人も少なくない。評定も評価の一部ではあるが，学習の状況や経過を振り返るのは，成績という形での評定を示すことに主たる目的があるのではなく，これからの学習をより望ましいものにしていくことを意図している。教師が授業を行うには，児童の興味・関心や既有の知識を把握して授業を構成し，よりよい授業をめざして継続的に学習指導の手立てを継続的に講じていく。このような児童理解とそれに基づく検討・対応が学習評価と呼ばれるものである。すなわち，学習評価とは，学習指導において，児童の学習状況を把握し，それに基づき，ねらい・目標の達成に向けて対応することの総体であり，広い意味をもつものである。評価は，結果を示す後向きなものと捉えられがちであるが，児童の学習改善と教師の授業改善につながるきわめて前向きなものである。中央教育審議会答申（2016年）でも，「子供たちの学習の成果を的確に捉え，教員が指導の改善を図るとともに，子供たちが自身が自分の学びを振り返って次の学びに向かうことができるようにするためには，学習評価の在り方が極めて重要である」として，学習評価の重要性を指摘している。

2　学習過程と評価

　ブルームらは，1960年代にアメリカ合衆国において，すべての学習者が学習

目標を達成できるように指導するという完全習得学習を提唱し，その実現のために学習指導過程の進行中にその時点における学習者の学習状況を把握し，その後の学習をより有効なものにすることをめざした。そこで提唱されたのが，学習過程の各段階において行う診断的評価，形成的評価，総括的評価である。この３つの評価は，評価に基づく授業改善を行うＰ（計画）－Ｄ（実施）－Ｃ（点検・評価）－Ａ（新たな取り組み）サイクルのなかに位置づけられるものでもある。

（１）診断的評価―学習指導計画と評価

　診断的評価は，児童の実態を把握し，学習指導計画に適切に位置づけ，効果的に学習を進めるために行う評価である。単元レベルにおける診断的評価では，既習の学習を通して身につけている力を把握するとともに学習対象に対する興味・関心や知識・理解，活動経験の有無などを調べることが行われ，児童の実態に基づいて教材を選定して単元の学習指導計画を作成することになる。学習指導案に児童の実態の項目があるが，これは診断的評価を行って児童の実態を把握し，それに基づいて学習指導計画を立てていくことを意味している。

　学習対象に対する興味・関心や知識・理解を把握することは，どのように学習をスタートさせるか，どのような資料を提示するか，子どもたちの知識や見方をゆさぶる授業構成をどう工夫するかなど，学習指導計画を作成する基盤となる。例えば，第４学年の単元「ごみの処理と利用」においては，家庭でのごみ出しや分別経験の有無，ごみの収集や処理，リサイクルなどにかかわる関心や知識などをアンケート調査などによって把握しておくことにより，児童の実態に即した効果的な学習指導計画になる。またさまざまな学習活動を取り入れる場合，活動の充実を図るためには児童の活動経験や身につけている力を把握しておくことが必須である。１時間の授業レベルにおいても，前時までの学習状況を把握し，本時の学習プランを立てるために児童の実態を把握する診断的評価は重要である。

（２）形成的評価―授業と評価

形成的評価は，学習の進行中における理解度や到達度を確認し，フィードバックしたり，計画を修正したりするために行う評価である。形成的評価は，児童の学習状況を把握し評価したことを，その後の指導をより有効にするために生かすものであり，そのことは「指導と評価の一体化」といわれる。

　形成的評価は，学習過程においてつまずきが認められた児童がいた場合に，そのつまずきの状況を把握し，ねらい達成に向けた手立てを講じていくように個々の児童のレベルで行われることもあるし，話し合い活動に広がりや深まりがない場合に，その理由を考え論点を整理したり，新たな資料を提示するなどの授業レベルで行われることもある。

　形成的評価を行うためには，児童の学習状況を捉え，状況に応じた手立てを講じていくことが求められる。それまでの実態をふまえてじっくり観察することも必要であるが，事前にどの場面でどのような評価が必要なのか検討して評価の観点や方法を明確にしておくとともに評価に応じた指導の手立てを考えておくことが重要である。そのためには，授業のねらい達成に向けて最も中心となる学習活動について評価項目を設定し，評価項目に照らして児童のつまずきを把握し，つまずきに応じて指導・支援を行っていくことが必要となる。

（3）総括的評価―振り返りと評価

　総括的評価とは，単元の終了時や学期末・学年末に学習を振り返り，学習の定着の状況を捉えるために行う評価である。学習を振り返る総括的評価は，一般的にいわれている評価であり，学習の結果を確認し成績をつけることも含まれるが，すでに述べたようにこれは評価の一部分を担うものである。

　総括的評価は大きく分けて2つのことを目的として行われる。1つは，児童の変容や学習状況を把握し，それに基づいた対応・指導を明らかにするためである。理解度や到達度が不十分な児童がいれば，改めて指導を行う必要も出てくるであろう。総括的評価では児童の自己評価を活用することも大事である。自己評価は自分が立てた目標を振り返ることで，自己教育力を育成するとともに次の学習への動機付けや学習意欲の向上につなげることが期待できる。

もう1つの目的は，教師の学習指導の問題点を把握し，改善点を明らかにすることであり，授業評価といわれるものである。テストの点数はもちろん，児童のノートや作品，発言内容や学習感想などをもとに授業を振り返って考察していく。そのことにより，教材や授業構成，発問や話し合いテーマ，まとめ方など授業についてさまざまな面から課題がみえてくる。自分の授業を振り返って改善点を考え，次の授業をよりよくしようとする姿勢は，教師にとって最も重要である授業力の向上に欠かせないものである。

3 観点別学習状況評価

　学習指導過程との関連をふまえて評価を考えていくときに1つの目安となるのが指導要録に示されている評価の観点である。観点別学習状況の評価は，「関心・意欲・態度」「思考・判断・表現」「技能」「知識・理解」の4観点で行われているが，学力の三要素に即して「知識・技能」「思考・判断・表現」「主体的に学習に取り組む態度」の3観点に整理され，指導要録の様式も改善されることが答申によって示されている。

（1）「知識・技能」の評価

　「知識・技能」の評価は，学習過程を通して習得した個別の知識・技能とそれらを関連づけたり活用したりできているかを評価するものである。ペーパーテストにおいては，事実的な知識の習得と知識の概念的な理解を問う問題とのバランスをとることに配慮することが大事である。また，ペーパーテストだけではなく，文章による説明をしたり，実際に知識・技能を活用する場面を設けたりして，多様な方法を適切に取り入れることが求められている。

（2）「思考・判断・表現」の評価

　「思考・判断・表現」の評価は，知識・技能を活用して課題を解決するために必要な思考力，判断力，表現力が身についているかを評価するものである。ペーパーテストだけでなく，論述やレポートの作成，発表，グループでの話し合い，作品の作成などの多様な活動を通して評価を行ったり，それらを集めた

ポートフォリオを活用した評価（ポートフォリオ評価）を取り入れるなどの評価方法を工夫するようにしたい。

（3）「主体的に学習に取り組む態度」の評価

「主体的に学習に取り組む態度」の評価は，知識・技能を獲得したり，思考力，判断力，表現力を身につけたりすることに向けた粘り強く取り組む態度や自らの学習を調整しながら意欲的に学ぼうとする態度を評価するものである。このことは「関心・意欲・態度」の観点と同じ趣旨のものであるが，挙手や発言の回数やノートの取り方など性格や行動面の傾向を評価することが少なくなかったため，「主体的に学習に取り組む態度」の評価として強調された。具体的な評価方法は，ノートやレポートなどの記述，授業中の発言，教師による行動観察，児童による自己評価や相互評価などをもとにそれらを総合して評価することが考えられる。社会科における「主体的に学習に取り組む態度」（関心・意欲・態度）の評価は，学習意欲と社会的態度の2つの側面をもち，多くの評価方法が研究されている。

資質・能力の柱である「学びに向かう力・人間性」と関連については，「主体的に学習に取り組む態度」として観点別評価できる部分と観点別評価にはなじまず，個人内評価（個人のよい点や可能性，進歩の状況について評価する）によって評価する部分があることに留意するとされている。

（4）評価規準と評価基準

観点別学習状況評価は，目標に準拠して行われる。目標に準拠した評価とは，目標に照らしてどの程度達成しているかを評価するものであり，その尺度は評価規準と評価基準とから設定される。

評価規準は目標規準ともいい，目標に準拠した質的な評価の観点のことである。評価規準は観点ごとに単元レベルで作成するのが一般的であり，社会科では「関心・意欲・態度」「思考・判断・表現」「技能」「知識・理解」の4観点について以下に示した趣旨で評価規準を作成することとされている。

社会的事象への関心・意欲・態度	社会的な思考・判断・表現	観察・資料活用の技能	社会的事象についての知識・理解
社会的事象に関心をもち，それを意欲的に調べ，社会化の一員として自覚をもってよりよい社会を考えようとする。	社会的事象から学習問題を見いだして追究し，社会的事象の意味について思考・判断したことを適切に表現している。	社会的事象を的確に観察・調査したり，各種の資料を効果的に活用したりして，必要な情報をまとめている。	社会的事象の様子や働き，特色及び相互の関連を具体的に理解している。

　先に述べたようにこの4観点に基づく評価規準は，今後「知識・技能」「思考・判断・表現」「主体的に学習に取り組む態度」の3観点で作成されることになる。

　いっぽう，評価基準は到達基準ともいい，評価規準の実現状況を示す指針となる量的段階的観点のことである。単元ごとに設定された各観点の評価規準について評価するときに，学習状況の評価の判断基準があいまいであると，評価者の主観的な判断に陥る危険性がある。そのため，評価規準がどのように実現したかを具体的に示した判断基準が必要になる。これが評価基準である。

　例えば，第4学年「地域の発展に尽くした先人の働き」の「思考・判断・表現」の評価規準として，①地域の発展に尽くした先人の働きについて，学習問題や予想，学習計画を考え表現している，②地域の人々の生活の向上を先人の働きや苦心と関連づけて適切に表現しているという2点を設定できる。②の評価規準について，まとめに作成したレポートを中心に評価する場合に，先人の働きや苦労が人々の生活の向上に結びついていることを，資料をもとに根拠づけて説明されていればB「おおむね満足できる状況」，それに加えて複数の観点から関連を考えたり，現在の開発や自分たちの生活とのかかわりにふれたりしていればA「十分満足できる状況」，先人の働きや苦心についてまとめているが人々の生活の向上との関連づけが弱い場合はC「満足できない状況」と評価基準を設定することが考えられる。

　1時間の授業における形成的評価としての評価規準は，ねらいに即して評価

項目として設定され，評価基準もより数量的で段階的なものになる。このことについては，指導と評価の一体化と関連させて次項で述べたい。

4 「指導と評価の一体化」の実際

第4章第1節で「つたえる人受け継ぐ人―中宿灯籠人形―」の単元指導計画を紹介している（表4.1）。その第9時は「中宿灯籠人形の保存に携わる人の話を聞いて課題を解決し，保存にかける思いや願いを共感的に理解することができる」というねらいであり，○○さんの話を聞き，伝統を受け継ぐ思いを理解し，話を聞いて印象に残ったことを発表することが中心の学習活動である。そこで，評価項目（評価規準）を「ゲストティーチャーの話を真剣に聞き，心に残ったことを書いている」とし，ノートの記述を通して評価することにする。そして，この評価項目（評価規準）に対して，以下のような評価基準を設定する。

A「十分満足できる状況」	○○さんの中宿灯籠人形保存にかける思い・願いを受け止めて心に残ったことをノートに4行以上書いている。
B「おおむね満足できる状況」	○○さんの中宿灯籠人形保存との関わりに触れて心に残ったことをノートに書いている。
C「満足できない状況」	○○さんの中宿灯籠人形保存との関わりに触れていない。または，書けていない。

評価を指導にフィードバックするためには，A,B,Cの評価の段階に応じた指導・支援を考えておく必要がある。例えば，A段階の評価の児童には，よく書けていることを認め，自分とのかかわりやできることにもふれるように助言したり，発表を促したりする。B段階の評価の児童には，○○さんの保存に取り組む気持ちを想像させ，保存にかける思いや願いに目を向けさせるようにする。Cの評価の児童には，○○さんがゲストティーチャーとして来た理由を考えさせたり，友だちの発表を参考にさせたり，教師の感想を話したりして，○○さんの中宿灯籠人形保存への取り組みについて感想を書かせるようにする。何も書けないことがないように，ゲストティーチャーの話のキーワードを板書

しておくような支援も必要であろう。適切な例ではないかもしれないが，評価規準と評価基準，評価項目を設定した指導と評価の一体化のイメージがつかめるのではないだろうか。

5 パフォーマンス評価

　単元の終わりにペーパーテストなどによって総括的評価を行うことは必要なことであるが，資質・能力のバランスのとれた学習評価を行うためには，多面的・多角的な評価を行うことが必要である。その代表的なものが，パフォーマンス評価である。パフォーマンス評価は，特定の課題を課し，ルーブリックにより，習得した知識・理解・技能などの活用を評価するものである。ルーブリックとは，到達度を示す数値的な尺度と，それぞれの尺度にみられる認識や行動を示した判断基準表であり，課題への取り組みで想定される評価の観点と評価規準，それらをより具体化した基準を整理し，文章で評価指標を示したものである。

　パフォーマンス評価の例としては，4年生の「わたしたちの県」の学習において，「県のよさを観光客に紹介するパンフレットを作成する」という課題を設定し，その課題への取り組みを，学習を通して習得した県についての知識・理解，情報の収集や活用，思考・判断・表現，協同的な学びなどの観点から作成したルーブリックに基づいて評価を行うことが考えられる。社会科の場合は評価基準の段階設定が他教科に比べてむずかしいこともあり，ルーブリックを活用したパフォーマンス評価の工夫について多くの試行的な取り組みがなされている。

第4章

社会科授業づくりと実践

第1節　社会科授業づくりと学習指導案の作成

1　授業設計と学習指導案

　学習指導案は，単元および1時間の授業展開の構想を示した授業の設計図である。学習指導案を書くことにより，学習の目標や内容，授業者の授業に対する意図や計画，学習者の学ぶ過程が明確になり，授業設計が具体的に整理される。学習指導案に決まった形式はないが，①授業日時，対象学年・組，授業者，②単元名，③単元の考察（児童観，教材観，指導観），④目標，⑤評価規準，⑥指導と評価の計画，⑦指導・支援の方針，⑧本時の学習（ねらい，準備，展開）を記述するのが一般的である。

　小学校社会科においては，1時間の授業をどう展開するかも大切であるが，それ以上に大事なのは単元づくりである。学習指導案作成を通して，数時間の単元をどう構成するか，本時の授業を単元のなかにどう位置づけるかを考えていく。学習指導案は，本時の学習だけを取り上げて書く略案もあるが，その場合も単元の指導計画における本時の位置づけを常に意識することが必要である。

　学習指導案は研究授業を行うときに書く場合が多い。研究授業は，よりよい授業を指向し，授業者の技量の向上をめざした挑戦であり，今までの授業に対して新たな提案を行う研究的な取り組みである。したがって，研究授業で書く学習指導案には，授業にかける授業者の思いや授業における主張や提案を盛り込みたい。そのためには，単元の考察の項で，児童の実態から考えてなぜこの授業を行う必要があるのか，どんな学習内容を取り上げどう授業を構成していくか，どんな学習方法を取り入れ児童の学びをどう支援していくか，そして，

単元を通して児童にどんな力をつけたいかを自分の言葉で書いていくことが必要である。ここで示された授業者の思いや主張が授業の成否を決めるといっても過言ではない。また，本時の学習の項は，ねらいの達成に向けた授業者の工夫や配慮，授業における主張や提案を具体的に示すようにしたい。

2 学習指導案の作成

　学習指導案の作成にあたっては，教材研究を行わなければならない。教材研究は，①目標・学習内容，②児童，③授業構成・学習方法の３つの視点で進める必要がある。授業に向けた教材研究を具体化したものが学習指導案である。

（１）目標の設定と学習内容の検討

　目標と学習内容については，学習指導要領および解説を分析することが必須である。学習指導要領の目標と内容を確実に理解し，「知識・技能」「思考力・判断力・表現力等」「学びに向かう力・人間性等」の３観点を総合して単元目標を設定する。

　つぎに，教科書の分析が必要である。教師用指導書も活用して，教科書の内容や学習活動，単元構成などを詳しく検討する。できれば，先行実践にあたり，どのような工夫が行われているか調べたい。それらを参考に，授業者の思いや主張を盛り込みながら，おおまかな授業の計画を立てる。

　授業で取り上げる素材を決めたらば，素材についての研究を行う。資料を集め，文献調査を行うとともに，中学年の地域学習では現地に出向いて取材したい。写真やビデオの撮影やインタビューなどを行い，授業の構想に合わせて資料を作成する。素材研究の段階では，人との出会いを大切にしたい。その人のもつ技術・技能や生き方など，取材で学んだことは授業でも生きてくる。

（２）児童の実態の把握

　目標・内容の検討や素材研究とともに重要なのが，児童の実態の把握である。
　学習内容や素材についての研究が先行すると教師の論理で授業が組み立てられ，児童の学びとのずれが大きくなり，授業は成功しない。目標・内容に照ら

して児童の実態を把握し，実態から授業を組み立てていく姿勢が大事である。

　実態の把握にあたっては，既習の学習のノートや作品などをもとに今まで身につけた力や学習に対する性向を把握するとともに，アンケート調査を実施して学習内容への関心や既有の知識などを調べるのが一般的である。

（3）授業の組み立てと学習方法

　目標を設定し，学習内容や素材の研究を行い，児童の実態を把握したうえで，単元を構成していく。単元を通した児童の思考の流れをシミュレートし，授業の流れを構想する。単元構成は，問題・課題解決的な過程をとるのが一般的であるが，先行実践などを参考にし，児童・地域の実態や単元の特性を生かしてさまざまな学習活動の工夫を試みたい。例えば，実感的理解を図るために見学活動や体験活動を取り入れる，ゲストティーチャーを招いて共感的な理解を図る，対立する問題について討論やディベートを行って思考を深め広げる，社会参画を視野に入れて学習したことをポスターセッションで発表したり地域・社会へ提案したりするなど，授業の工夫はさまざまな形で可能であり，授業者のオリジナリティが最も発揮できるところである。

　本時の学習では，ねらいを決め，ねらい達成に向けて児童の思考の流れを予想して学習活動を設定する。それに併せて資料やワークシートを作成し，発問や指示を考え，授業を組み立てる。そして，評価項目を作成し，評価を授業に生かすように指導の工夫を考える。展開は，学習過程を導入，展開，終末に分け，学習活動と指導上の留意点，評価項目の欄を設けて記述する。

3 学習指導案作成過程の実際

　学習指導案作成過程の実際について，群馬県安中市で筆者が行った研究授業「つたえる人うけつぐ人—中宿灯籠人形—」を例に述べたい。

　この研究授業では，安中市らしさを示すことが大きなテーマであった。そこで，地域の重要無形文化財である中宿灯籠人形を取り上げ，地域の文化財や年中行事に対する関心を高め，大切にしていこうとする態度を育てたいと考えた。

児童は，これまでの学習で多くの見学・調査活動，ゲストティーチャーを招いて疑問を解決する活動，さまざまな表現活動，課題に対して提案する活動を行ってきた。調べたことをまとめ，考える力がついてきており，安中かるた遊びを通して地域の文化財への関心も高まってきていたので，それらを生かして単元構成をしたいと考えた。

　まず，学習指導要領解説を参考に，保存に取り組む人の思いや願いにふれることが大事だと考え，保存会の方をゲストティーチャーとして招いて質問したり話を聞いたりする活動を取り入れることにした。また，地域への関心と理解を高めるために郷土かるたが有効であると考えていたので，単元の導入で「安中かるた」を使用することにした。教科書を分析したところ，地域の文化財を調べて地図にまとめる活動を取り上げていた。そこで勤務校の周りに史跡や文化財がたくさんあることも考慮して，安中かるたの札に読まれたところを見学し，安中かるたに読まれた地域の文化財や年中行事を地図にまとめる活動を組むことにした。

　先行実践をみると，地域の文化財を調べてまとめたり，保存に取り組む人の話を聞いたり，実際に参加したりする活動が中心であった。しかし，地域の一員として地域にかかわっていく態度を育てるには，年中行事の課題について一人ひとりが意見をもって考える社会参画的視点を取り入れることが大事だと考え，単元の終末で伝統芸能の存続について討論を行うことにした。

　こうした学習計画と並行して資料を集め，取材を進めた。中宿灯籠人形保存会会長に聞き取りを行い，ビデオを借用した。また，人形作成やお囃子（はやし）の練習の現場に出かけて話を聞き，写真を撮影した。話を聞くなかで授業構想が明確になり，会長をゲストティーチャーとして招くことをお願いし，話していただく内容を決定した。

　これらのプロセスを経て，安中かるたを使って文化財と年中行事を調べ，地図づくりをして関心と理解を高めたあと，人形作成の写真から学習課題をつくり，保存にたずさわる方を招いて課題を解決し，最後に伝統芸能のかかえる問題について話し合うという流れを構想した。本時の学習では，ビデオ視聴とゲ

ストーリーチャーの話によって課題を解決し，話のなかで一番心に残ったことを問い，保存にかける志や生き方にふれさせたいと考えた。

以上が地域の伝統行事を取り上げた授業づくりの過程である。この構想をまとめたものが学習指導案である（指導計画のみ，表4.1に示した）。ここで示した学習指導案作成過程はほかの単元でも参考になるものである。学習指導案の実際につ

表4.1 「つたえる人受け継ぐ人―中宿灯籠人形―」の指導計画

時	主な学習活動	子どもの意識・思考	教師の支援
1 2 3	安中かるたの札について調べて発表し，安中かるた地図をつくる。	・安中市の文化財がよくわかったよ。実際に見て調べたいな。 ・地図にあらわすとわかりやすいよ。	・事前にかるた遊びをして親しませておくようにする。調べるための資料を用意する。 ・一人ひとりに活動の目当てをもたせて協力して作成させる。
4 5 6	安中小学校の近くにある文化財を見学し，学校の回りにある古いもの地図をつくる。	・学校の周りにたくさんの文化財があったんだ，見学するといろんな発見があるよ。 ・文化財を大切にしたいね。行事についてもっと調べたいな。	・学校の周りの分際について再確認し，見学の視点をはっきりさせておく。 ・わかったことやもっと調べたいことを出させて，伝統行事にも目を向けるようにさせる。
7	中宿灯籠人形を知り，写真を見て気づいたことや疑問などを出し合う。	・中宿灯籠人形の公演について準備しているね。 ・写真をよく見るといろんな疑問があるよ。これは何だろう。	・拡大カラーコピーした写真をたくさん用意し，多くのことに気づかせ，疑問を出させて課題意識を高めるようにする。
8	写真や資料をもとに疑問は解決し，残された課題を整理する。	・このことは写真からわかったよ。 ・あとは予想して保存会の人に聞いて確かめよう。	・写真や資料をもとにできるだけ自分たちで考えて，わからないことも予想を立てておくようにする。
9	保存にかかわる人の話を聞いて課題を解決し，思いや願いを理解する。	・課題が解決できたよ。 ・○○さんの話を聞いたら，灯籠人形のことを思う気持ちや願いがわかった。	・ゲストティーチャーには，人形づくりの練習の工夫や苦労，人形への思いや願いを中心に話してもらうようにする。
10 11	中宿灯籠人形の存続について話し合い，自分ができることを考える。	・灯籠人形をこれからどうしていけばいいだろう。地域の伝統行事に自分たちは何ができるかを考えてみよう。	・灯籠人形の存続をテーマに討論をし，そこで出されたことをもとに自分たちにできることを考えさせるようにする。

いては，第2節で中学年，第3節で高学年の例を掲載しているので参照されたい。

第2節　中学年の社会科授業実践

1　中学年の実践ポイント

　中学年は子どもたちが社会科という教科に出会う大切な場面である。この，社会科授業導入場面では，教師の創意工夫によって「社会科はおもしろい」と思ってもらうことはもちろん，社会科は「グローバル化する国際社会を主体的に生きる平和で民主的な国家及び社会の形成者に必要な公民としての資質・能力の基礎」を育成する教科であることを主眼においた授業構成を考えていかねばならない。また，社会科授業の進め方を「知識理解型」「疑問追究型」「意思決定型」のように分類することがあるが，それぞれの学校の子どもたちの生活に結びついた社会科授業を行っていくためには，どれもが必要な要素である。

　教師は自身が受けてきた教育に大きく影響を受けたり，受験教育の弊害から獲得させたい知識から授業を構成したり，楽しい授業をめざすばかりにネタ重視になってしまったりすることが多くある。しかし，これでは高学年で社会科嫌いになったり，中学校へ進学したあと，先生の話はおもしろいが社会的事象の背景にあるものが想起できていなかったりすることが多くある。そこで，中学年の社会科授業実践では次の3点をまずポイントとしてあげておきたい。

①子どもたちの生活に結びつく教材を選定すること（地域・実物）
②観察・調査活動の時間を充実させること
③授業の終末場面で，子どもたちに「新たな問い」が生まれていること

　この3点を大切にした授業実践について，具体的な工夫や教材研究の視点を「主体的・対話的で深い学び」を実現させるための手立てを交えて紹介したい。

2　観察・調査活動の基礎を学ぶ―単元「わたしたちの学校のまわり」

　第3学年では，社会科導入単元である身近な地域の学習が設定されている。

この単元で教師は，これから始まり，広がっていく社会科学習の楽しさや学び方を丁寧な手立てをもって子どもたちに示していかなければならない。校区・地域に出て実際に観察・調査活動を行うことのできるこの単元は，それにたいへん適した単元と捉えることができるが，高学年の学習内容に比べて，中学年の学習内容に対しての有用意識が低い傾向であり，とくに，身近な地域の学習においてその傾向が顕著であることが示されている。そして，中学年の子どもたちが注目する事象はまだ，地理的な視点にとどまらず広がりがあるが，案内者が先導しすぎると，その解説が子どもたち本来の気づきの広がりに対応せず，内発的な観察力の成長を妨げる場合もあり，留意する必要がある。

　こうした現状を乗り越え，子どもたちにとって魅力ある学びを構成していくために，「ワンポイント巡検」「地歴融合的視点」を取り入れて行った「わたしたちの学校のまわり」のフィールドワークの手法を紹介したい。

（1）ワンポイント巡検の視点を取り入れたプレ・フィールドワークの設定

　前述したように，フィールドに出た子どもたちが観察する事象は，事前指導において地形の様子，土地利用などと示しておいても「川の中に大きなコイがいました」「車がたくさん走っていました」というように，それぞれの子どもが興味の高い自然に関することや動きがあるもの，数量的な感覚が多くなってしまう。そこで，子どもたちに観察・調査の視点を整理させるためのワンポイント巡検を取り入れると有効である。

　例えば，本校のすぐそばには，その新旧の比較が可能な特徴ある2つの建物が並んでいる所や眺望のよい公園がある。このように，観察・調査の視点を整理させやすい2～3カ所を選定し，まずは自由に観察させ，学校に戻ってきてからの対話的な活動のなかで，子どもたちと一緒に確認していく。すると，建物についての観察は，当初，「どちらも古そう」という感覚的な捉えであったが，新旧を比較するという視点をもたせた結果，一方は「木造で大正時代の建築」，もう一方は「昭和に入ってからの建築」という3年生としては立派な調査活動に変容していった（図4.1）。公園についての観察は，自然の多さや眺望

ワンポイント巡検	本番のフィールドワーク	新たな問い
児童の気づき ・写真屋さんと酒屋さんがならんで建っていた。どちらも古そうな感じがした。	・酒屋さんの方が木造で大正時代からの建物だった。店のなかにある秤なども昔のままで大切にされていた。	・どうして古い建物が残っている所と、そうでない所があるのかな。
教師のかかわり ・よく見てみると建物でつかわれている材料が違うよ。どちらがより古い建物なのかな。		鳳山酒店：大正時代の建築（写真左）と友正写真館：昭和時代の建築（写真右）

図4.1 新旧の比較の視点を与えるワンポイント巡検から本番のフィールドワークへの流れ

ワンポイント巡検	本番のフィールドワーク	新たな問い
児童の気づき ・木がたくさんあって見晴らしのよい公園があった。遊具はほとんどなかった。	・公園の奥まで歩くとだんだん坂道になり、下っていく場所だった。でも、見晴らしのよい先はまた高い土地だった。	・どうして土地の高い所と低い所があるのかな。
教師の関わり ・見晴らしがよいと思うのはどうしてかな。公園の奥まで歩いていって確かめてみよう。		

図4.2 土地の高低の視点を与えるワンポイント巡検から本番のフィールドワークへの流れ

について直観的に捉え、遊具が少ないことを子どもらしくやや否定的に捉えていた段階から、自分の足で歩いて実際に確かめてみることや見晴らしがよいと感じる理由を考えさせることによって、低い土地に流れる神田川から見て、高い土地に立地する公園というように、地図上の情報と結びつけて土地の高低を捉えられる姿が見られるようになった（図4.2）。

　学校のまわりのフィールドワークにおいて観察させたい事項のすべてについて網羅することはできないが、このように、ワンポイント巡検を取り入れることにより、子どもたちの観察の視点を焦点化することができる。

（2）校区の様子についての巡検学習で，どのような視点をもたせるとよいか

　第3学年の身近な地域の学習において，地域の特徴を捉える視点としては「地形の様子」「土地利用」「交通の広がり」「公共施設」「古い建造物」「人が集まる所」などがあげられる。これらの視点をもとに，教師はそれぞれの学校において，子どもたちにふれさせたい事柄を次のように整理しておく必要があるだろう。

> ①坂・台地・崖線・湧水・川などを観察することにより，学校のまわりの自然的事象についての実感を伴った理解を得る。　→汗をかいて坂を登り，水や空気に触れる。
> ②寺院・神社・教会・庭園・学校・公共施設（消防署・交番・図書館など）・工場・商店街のある場所を調査することにより，学校のまわりの土地利用について考える。　→特徴ある地域に分けて地域調査を行い，お互いの発表を聞き合うのもよい。
> ③地域の交通を利用して巡検を行うことにより，地域の人々の生活と自然的現象とのかかわりについて考える。　→鉄道・道路の整備やコミュニティバスなどを調べさせたり，実際にバスなどに乗車させたりして巡検を行うと発見が多くある。
> ④事前・事後指導を含め，観察ポイントにおいて歴史的事象にも目を向けさせることにより，土地利用の変遷や産業の盛衰など，地域の移り変わりにも関心をもたせる。　→自然的条件を利用し，それを克服するための人々の努力を知ると，学びにストーリが生まれる。

　その際，とくに④のような地歴融合的視点をもってまとめておくと，多角的・多面的な見方や考え方をもち，「新たな問い」を見いだせる子どもを育むことができる。

3　子どもたちの生活に結びつく教材から—単元「わたしたちの東京都」

（1）単元の構想

　第4学年では子どもたちの視野を空間的に広げていき，自分たちの都道府県の地理的環境の特色などについて扱う単元を設定することになる。ここで自分の生活と事例地域との結びつきをあまり感じられない子どもたちを出さないために，教師の手立てとして，第3学年での地域にみられる販売の仕事（スー

パーマーケットなど）の既習経験を生かすことがポイントである。次にあげる授業案は，県内の特色ある地域の様子について，本校の所在地である東京都の事例として島のくらしを扱った際のものである。

1．単元名「わたしたちの東京都」〜島の自然と共に生きる人々のくらし〜
2．単元の目標
　日本における東京都の地理的位置を理解するとともに，東京都全体の地形や主な産業，交通網の様子などの概要と，そこにみられる人々の生活の様子について，その特色を地理的条件と結びつけて考えることができる。
3．単元の流れ（16時間扱い）
　第1次　東京都の地形と土地の使われ方　　2時間
　第2次　東京都の特色ある地域　　10時間（本時　5／10）
　第3次　東京都の特色ある地域の魅力を伝えよう　　4時間
4．本時のねらい
　島の環境を生かしながら生活する小笠原諸島の人々の様子を母島からパッションフルーツが届くまでの過程や，父島の人々が生活に必要なものを手に入れる様子などから調べ，自然環境を生かした産業があることや島の環境を克服し適応する人々のくらしぶりに気づかせ，その他に調べたいことを見つけることができるようにする。
5．本時の指導案

	主な学習活動・予想される児童の反応	指導上の留意点等
つかむ	◎前時までに学習した東京都のいくつかの地域の特徴的な農産物のうち，うどの産地と武蔵野台地（地理的条件）との関わりについてふりかえる。 ・包装などから産地を確かめた上で，立川市の月別平均気温・降水量のグラフを見る→梅雨がある ・うどの産地に関する統計より，東京都の出荷量，順位を確認する。	☆東京都白地図（黒板に掲示） ☆うど（立川市産），包装，発送伝票 ・うどは強固な関東ロームの赤土の層に広げた穴蔵の中で育っている。 ☆立川市の月別平均気温・降水量グラフ ・立川市の雨温図はまず，6月の降水量の多さに注目させたい。 ☆うどの出荷量の表 ・江戸という大消費地に近く，栽培が広がった点も特産物となった地理的・歴史的要因の一つであることを伝えたい。
考える	◎パッションフルーツとその産地（小笠原村産であることは伏せた上で）の月別平均気温・降水量のグラフを提示してその産地を予想し，発表する。 →気温が高い（沖縄？九州？） →梅雨がない	☆パッションフルーツ（小笠原村母島産） ☆小笠原村の月別平均気温・降水量のグラフ ・小笠原村の雨温図を提示することにより，気温の折れ線グラフについて立川市のグラフと比較する視点が生まれる。

	・暖かい気候の地域だが，沖縄や九州ではない。（出荷量2位沖縄，1位鹿児島） ・ゆうパックのラベルを見ると，東京都小笠原村母島となっている。	☆パッションフルーツの出荷量の表 ☆那覇市の月別平均気温・降水量のグラフ ☆ゆうパックの発送伝票
調べる	パッションフルーツ栽培の盛んな小笠原村はどのような場所なのだろうか。	
調べる	◎小笠原村の地理的な位置と特徴を調べる。 ・本土から南（南南東）方向に約1000km離れている。 ・太平洋の真ん中にある。 ・父島列島，母島列島，火山列島などがある。 ※本土と小笠原村との交通手段に関するつぶやきが見られるとよい。 ・本土からの公共交通は定期船のみで父島東京間は25時間半もかかる。 ・母島からの郵便物は同じ東京都などに届くのに4日間もかかる。	・地図帳を活用し，本土からの位置をいくつかの表現方法（方位・距離など）で考えさせた上で，一度も陸続きになったことのない島（海洋島），亜熱帯の島を提示したい。 ・本土からの距離に関しては授業冒頭で提示した東京都白地図を利用して，教室全体を使ってそれを実感させたい。 ☆ゆうパックの配送履歴から母島（5/28午前）→ははじま丸（5/28 14:00→16:10）父島→おがさわら丸（5/29 14:00→5/30 15:30）東京港竹芝桟橋→新東京郵便局→小石川郵便局（5/31）
考える	◎小笠原村のくらしについて知りたいことをノートに記入し，発表する。 ・生活に必要なもの ・空港　・人口，学校 ・病院 ・自然（世界自然遺産），台風 ・パッションフルーツ栽培 ・他に特産物	☆現地の生活，自然の様子の特徴的な場面を示すいくつかの写真を提示する。 ・地域の特色に目を向ける。 ・次時以降には小笠原の農業，観光業に従事する方に電話取材できることを伝える。 ・文化的な特色や歴史についての視点も質問に対する現地の方の回答の中で触れさせたい。
まとめる	◎疑問点を整理し，次の時間への見通しを持つ。	

注：現在の定期船おがさわら丸の東京－父島間所要時間は24時間に短縮されている

6．本時の評価
・統計資料を見ながら，小笠原村でパッションフルーツ栽培がさかんな理由を気候条件と関連づけて考えることができたか。
・地図を通して読み取った小笠原村の位置やパッションフルーツが本土に届くまでの流れを調べる活動を通して，その地理的位置や特徴について実感を持ってつかむことができたか。
・本土との距離に注目して，小笠原村の自然環境やくらしの違いに気づき，島の人々がどのように自然を生かし，それを克服し適応して生活しているのか，さらに調べてみたいことを見つけることができたか。

(2) 実践を通しての子どもの姿と指導上の工夫

　単元前半において，子どもたちは東京都の山地や丘陵地，台地，低地でのくらしを，現地見学を行ったうえで地形の概要をつかみ，授業のなかで産業の特色などについて学んできた。しかし，自分達が生活する地域（主に山の手）とのちがいや特産物の生産の工夫については興味をもって学ぶ一方で，それぞれの地域の特色について，その場所の生活者となった気持ちで，工夫や苦労を感じる「切実感のある学び」にまでは到達していなかった。そこで，子どもたちにとって事例地域をより身近なものとするために，具体物を目の前にして学ぶ，そしてその地域で生活する人の声を聞く，という手立てを取り入れることを心掛けてきた。本時案においてもそれらを☆印で示してある。

　とくに本時は，東京都にある島しょのうち，小笠原諸島について扱う。まずは，亜熱帯の自然環境や本土との距離が約1000km あり，定期船による行き来も丸一日かかるという地理的条件が，自分たちのくらしている地域とのちがいを生み出していることに気づかせたいと考えた。そこで，母島の特産物であるパッションフルーツを教材として提示することとした。このパッションフルーツを手がかりとして，その栽培の工夫や苦労に始まり，島のくらしについての疑問点を話し合い，それを集約していくことによって，新たな問いを生み出していく活動が本時の構想である。さらに，教師の側は子どもたちが授業や教室という空間を踏み出して社会とかかわって学び続ける手立ても準備しておかなければならない。そこで，本単元ではパッションフルーツ栽培や島の観光に従事する方へ電話取材ができる時間を設定しておくことにした。

　授業案でもわかるとおり，当日にはうどとパッションフルーツという2つの実物を準備した。実物を準備することの意義は，身近な地域についての学習から次第に広がっていく地理的分野の学びのなかで，現実味をもたせ，実感を伴った理解をさせることにある。実物として手にすることができたものが子どもたちの思考のなかで融合すると数量や距離がより実感としてわき上がってくるだろう。もちろん子どもたちの目の前に置くことのできないものもあるが，

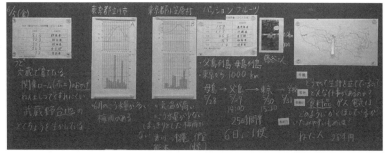

写真4.1 「東京都の特色ある地域〜小笠原諸島のくらし〜」授業での板書

発達段階に応じ，適切な統計資料や地図を提示することによって補うことができる。

　本時は，東京から約1000km離れた場所にある小笠原について手にすることのできる教材を目の前にして学んだ。色や形，重さ，段ボール箱のなかに丁寧に梱包されている様子，そしてにおいなど，手に取ってみると社会科に対する興味の薄い子どもたちにも何らかの気持ちがわき上がってくる。それは，「どうやって生計を立てているのか」「どんな仕事があるのか」「食料品，ガス，電気はどのように確保しているか」「痛みやすいものは東京（小笠原）からどのように運んでいるか」といった子どもたちの言葉になって表れ，後日の島の方への電話取材を行う授業では，目を輝かせながらパッションフルーツ栽培や島のくらしに関するたくさんの質問を投げかけていた。

　子どもたちにとって，自分たちから離れたところにある事柄は，知識のみを積み重ねていったとしても，その知識は離れたところにあるままの他人事で終わってしまうだろう。知識・理解という観点から社会科を捉えると，学ばせたいことは果てしなくある。2020年度からの平成29年版学習指導要領に基づいた社会科教育は批判的・創造的思考をベースに社会をよりよくするために主体的にかかわる子どもたちを育てていかなければならない。中学年社会科授業では，教師がそれぞれの地域で生きる子どもたちにとって身近な教材を見いだし，授業を通して「人」「もの」「こと」そして「自分の考え」をつないでいくことが

大切である。「社会に目をひらき，社会とつながる学び」を構想する力が社会科授業導入場面には求められているといえよう。

第3節　高学年の社会科授業実践

1 高学年社会科の目標

　高学年の子どもは，発達とともに次第に抽象的・論理的な思考が可能となり，直接体験を伴わずとも社会的事象を理解できるようになる。これに伴い内容も地域社会の社会的事象から，わが国の地理や産業，政治，歴史，国際関係へと空間的・時間的に広がっていく。内容の広がりと同様に，高学年の目標は中学年とのちがいが明確に示されている。

　学習指導要領では，「知識及び技能」「思考力・判断力・表現力等」「学びに向かう力，人間性等」の資質・能力の3つの柱で目標を示し，各学年の系統を整理して示している。

　まず，「知識及び技能」についてである。知識に関して，中学年では，自分たちの住んでいる市や県などの地域の社会的事象について，人々の生活との関連をふまえて理解する。これに対し，高学年では，わが国の国土や産業について国民生活との関連をふまえた理解や，政治や歴史，国際社会におけるわが国の役割について理解することをめざしている。内容の対象が時間的・空間的に拡大する高学年では，国家の地理や歴史，政治，国際関係などさまざまな側面から社会的事象を理解することが重要である。

　また，技能に関して，中学年での調査活動では，市や県などの社会的事象を観察や見学，聞き取りなどの調査活動，地図帳や各種の具体的資料を用いてきている。高学年では，それらに加えて地球儀や統計，年表などの資料も用いることをめざしている。また，それぞれの資料の特徴を把握し，解決すべき問題に適した情報をもつ資料の選択を子ども自身ができるように指導していく。

　つぎに，「思考力，判断力，表現力等」についてである。中・高学年のいず

れも社会的事象の特色や相互の関連，意味を考える力や，社会にみられる課題を把握して，その解決に向けて社会へのかかわり方を選択・判断し，表現する力を養うことに変わりはない。加えて高学年では，複数の立場や意見をふまえて多角的に考えたり，考えたことや選択・判断したことを説明したり，議論したりする力の育成をめざしている。自らと異なる立場や意見をもつ他者と議論を通して学ぶことを好む傾向にある高学年の児童にとっては，さまざまな立場や意見をもとに社会的事象を捉え直し，理解をさらに深めたり，他者の承認や合意を得て，社会参画への意識を一層高めたりしていくことが期待される。

　最後に，「学びに向かう力，人間性等」についてである。問題を主体的に解決しようとする態度に関しては，中・高学年のいずれも問題解決的な学習を通して継続的に育成することをめざしている。愛情や自覚に関しては，地域社会の一員としての自覚をめざす中学年に比べ，わが国の歴史や伝統を大切にして国を愛する心情をもつこと，また，わが国の将来を担う国民としての自覚や平和を願う日本人として世界の人々とともに生きることの大切さについて自覚することをめざしている。

　このように，目標を比べてみても高学年に求められる授業が中学年と大きく異なることがわかる。

2　高学年の授業づくり

　ここでは高学年の授業づくりにおいて留意しておきたいことを3点述べる。

（1）体験活動の重視

　3年生では，消防署の見学や聞き取り調査をしたり，校内の消火栓や地域の防火水槽などの施設を調査したりし，地図にまとめ，火災を防ぐ地域的な取り組みを学ぶ。このように，中学年では市や県といった直接経験地域をフィールドとして具体的資料を通して体験的に学習する。いっぽう，高学年では，わが国の地理や歴史，政治，国際関係などを学ぶことになり，子どもにとって一見自分とのかかわりを見いだしにくく，理解がむずかしかったり，興味・関心を

もちにくかったりする。そのため，教師は子どもたちに身近な教材や資料などを学習に取り入れたり，体験的な活動を一層重視したりして授業づくりを行うことが大切になる。例えば，6学年の歴史の学習であれば，歴史博物館や郷土資料館，地域の古墳の見学や，校庭に東大寺の

写真4.1　ペアの友だちと学び合う様子

大仏と同じ大きさの顔を描く活動，戦争体験者から当時の被害の様子について聞き取り調査をする活動など，多くの体験活動が教科書に例示されている。実際に体験してこそ実感的に理解することができる。積極的に実施していけるとよい。

（2）説明したり議論したりする活動の設定

前述のとおり，高学年では説明したり議論したりすることを通して，「思考力，判断力，表現力等」を育むことが重要である。そのため，単元の指導計画を作成する際，教師は問題解決的な学習の過程にこれらの活動を意図的に位置づけていく必要がある。位置づける場面は，社会的事象について調べ，整理したことをもとに，特色や相互の関連，意味を話し合う場面，あるいは社会にみられる課題の解決に向けて社会へのかかわり方を選択・判断する場面が適当である。

また，社会的事象に対して複数の立場や意見をふまえて多角的に考えるためには，多様な立場や意見を許容する良質な「問い」を想定しておくことも忘れてはならない。

（3）子どもの学習経験を生かす

子どもは，中学年までの社会科学習や生活経験を通して社会的事象に関する多様な知識を有している。また，これまでの問題解決的な学習を通して，問題

の設定の仕方や調べたりまとめたりする方法などの資質・能力も身についている。教師はこのような子どもの学習経験と実態を十分に把握し，適切な支援を設定することが必要である。そうすることで，教師が教えるべきことと子どもが考えるべきことを整理することができる。子ども自身の力でできることを教師が過度に支援していては，子どもの資質・能力は育まれないのである。

3 学習指導案

　ここまで，高学年の授業づくりについて大きく3点の留意点を述べたが，これらの要素をふまえ，高学年（6学年）を対象とした学習指導案を作成した。単元は「日本の歴史―縄文のむらから古墳のくにへ―」である。

社 会 科 学 習 指 導 案

　　　　　　　　　　平成30年6月9日（土）6年3組　指導者　谷田部喜博
Ⅰ　単　元　縄文のむらから古墳のくにへ
Ⅱ　考　察
１．教材観
（１）育成を目指す資質・能力の三つの柱
①知識及び技能
　むらからくにへと変化したことへの知識と遺跡や出土品，地図や年表などの資料で調べ，まとめる技能
②思考力・判断力・表現力等
　狩猟・採集や農耕の生活，古墳，大和朝廷による統一の様子を関連付けたり総合したりして世の中の様子の変化や歴史を学ぶ意味を考え，表現する力
③学びに向かう力・人間性等
　むらからくにへと変化したことについて問題を主体的に調べ，解決しようとする態度，我が国の歴史を大切にして国を愛する心情
（２）学習内容：学習指導要領上の位置付け

　　ア　次のような知識及び技能を身に付けること。
　　（ア）狩猟・採集や農耕の生活，古墳，大和朝廷（大和政権）による統一の様子を手掛かりに，むらからくにへと変化したことを理解すること。その際，神話・伝承を手掛かりに，国の形成に関する考え方などに関心をもつこと。
　　（シ）遺跡や文化財，地図や年表などの資料で調べ，まとめること。
　　イ　次のような思考力，判断力，表現力等を身に付けること。
　　（ア）世の中の様子，人物の働きや代表的な文化遺産などに着目して，我が

国の歴史上の主な事象を捉え，我が国の歴史の展開を考えるとともに，歴史を学ぶ意味を考え，表現すること。

（3）本単元の学習とその価値
　本単元は，狩猟・採集や農耕の生活，古墳，大和朝廷による統一の様子について，遺跡や出土品，地図や年表などの資料を用いて調べ，世の中の様子の変化と歴史を学ぶ意味を考える学習である。その価値は以下のとおりである。

> 　これまでに現在の我が国の民主政治の基礎を学んできた子どもたちにとって，我が国の歴史を学ぶことは，社会・文化の変遷と先人たちの業績を知り，未来の担い手としてよりよい社会の形成に参画するための示唆を得ることにつながる。その上で，歴史学習の始まりとなる本小単元では，世の中の様子がむらからくにへと変化したこと，すなわち，現在の国家及び社会に至る歴史において，統治権力が集中していく過程を学ぶことに本質的な意味がある。
> 　統治権力が集中した大きな要因に，米作りの伝来が挙げられる。米作りは我が国の文化を飛躍的に向上させた一方，貧富の差を広げ，集落同士の戦いや支配・被支配の関係を生み出した。そして，各地を豪族が支配する中，大和朝廷はその権威を広げ，国土を統一するに至る。
> 　このような我が国の歴史の起源と国家基盤の形成過程を追究することは，米作りの伝来をきっかけに生じた社会の変化を捉えるとともに，歴史上の主な事象を手掛かりに我が国の歴史の展開を考える力の素地となる。また，この時代の我が国に文字による記録はないため，子どもたちは博物館や資料館を見学したり，遺跡や出土品などの資料を根拠としたりして，当時の人々の生活や世の中の様子を考えていく。このような学習経験は，子どもたちの歴史的事象を適切に調べる技能を高めるとともに，我が国の歴史への関心を高めていくことにつながる。

（4）今後の学習
　ここでの学習は6年「天皇中心の国づくり」で，大陸文化の摂取，大化の改新，大仏造営の様子を捉え，この頃の世の中の様子と歴史を学ぶ意味を考える学習へと発展していく。

2．児童の実態及び指導方針
　子どもたちは，6年「日本国憲法とわたしたちのくらし」の学習において，日本国憲法の基本的な考え方に着目して条文などの資料で調べ，我が国の民主政治を捉え，日本国憲法が国民生活に果たす役割を考えてきた。その中で明らかになった子どもたちの実態及び本単元を進めるにあたっての指導方針は，次のとおりである。
①現在の我が国の政治は国民主権の考え方の下，民主的に行われ，憲法をはじめとした法により国民生活の基本が定められていることを理解している。このような子どもたちが，我が国の社会がむらからくにへと変化したことを理解できるように，狩猟・採集や農耕の生活，古墳，大和朝廷による統一の様子を取り上げ，世の中の様子の変化を段階的に追究する学習過程を設定する。

日本国憲法の条文などの資料で調べることができている。このような子どもたちが，遺跡や出土品を用いて当時の世の中の様子を調べられるように，貝塚や住居跡などの遺跡，土器や埴輪などの出土品に触れる機会を十分に確保する。
②調べたことを関連付けたり総合したりして日本国憲法が国民生活に果たす役割を考えることができている。このような子どもたちが，狩猟・採集や農耕の生活，古墳，大和朝廷による統一の様子について調べたことを関連付けたり総合したりして世の中の変化を考えることができるように，米作りの伝来から大和朝廷による統一までの出来事の因果関係を整理する図を用意する。
③日本国憲法と国民生活との関わりについて，問題を主体的に追究することができている。このような子どもたちが，米作りの伝来をきっかけに，我が国の社会がむらからくにへと変化したことについて，問題を主体的に追究できるように，問題に対する予想，調べる観点，調べる内容と方法，分かりそうなことを一覧表にした学習計画表を作成する活動を設定する。

Ⅲ 目標及び評価規準

1．目 標

我が国の狩猟・採集や農耕の生活，古墳，大和朝廷による統一の様子を捉え，人々の生活や世の中の変化の様子について考えることを通して，世の中の様子がむらからくにへと変化したことを理解し，今後の歴史学習への関心を高める。

2．評価規準

①知識及び技能

狩猟・採集や農耕の生活，古墳，大和朝廷による統一の様子を手掛かりに，世の中の様子がむらからくにへと変化したことを理解し，遺跡や出土品，地図や年表などの資料から出来事やその時期の人々の生活や世の中の様子に関する情報を適切に収集し，まとめている。

②思考力・判断力・表現力等

狩猟・採集や農耕の生活，古墳，大和朝廷による統一の様子を関連付けたり総合したりして，世の中の様子の変化を考えて，表現している。

③主体的に学習に取り組む態度

当時の人々の生活や世の中の様子，国の形成に関する考え方，今後の歴史学習に関心をもち，問題や予想，学習計画を考え，主体的に調べようとしている。

Ⅳ 指導計画（全10時間）

過程	時間	学習活動	指導上の留意点	評価項目 <評価方法（観点）>
つかむ	1	○三内丸山遺跡の様子やその出土品を観察して，縄文時代の人々の生活の様子を話し合う。	○縄文時代の人々は狩猟・採集の生活を営んでいたことを理解できるように，縄文土器や石器，貝殻などの実物資料，縄文時代の季節ごとの食べ物を示した資料を用意する。	◇縄文時代の人々は必要な道具を石や動物の骨でつくり，狩りや漁，採集の生活を営んでいたことを記述したり，発言したりしている <ノート・発言①>
	1	○板付遺跡の様子やその出土品を観察して，米作りをきっかけとした世の中の様子の変化について，学習問題をつかむ。 学習問題 米作りが始まり，「むら」が「くに」になるまでにどのような出来事があったのだろう。	○大陸から伝わった米作りをきっかけとした世の中の様子の変化について問題意識をもてるように，等尺年表上に縄文・弥生時代の人々の生活の想像図や大仙古墳の写真を位置付けて提示する。	◇米作りをきっかけとした世の中の様子の変化について，疑問や調べたいことを記述したり，発言したりしている。 <ノート・発言③>
	1	○学習問題について予想し，調べる計画を立てる。 <調べる時代> ①弥生時代 ②古墳時代 <調べる観点> 権力者の出現・大陸から伝来したもの	○予想や調べる方法，調べて分かることを考えられるように，学習計画表の枠や調べる時代，「米作りの始まりによって変化したこと」の視点を提示する。	◇自分の予想や調べる方法，調べて分かることを記述したり，発言したりしている。 <学習計画表・発言③>
追究する	1	○弥生時代の世の中の様子を，吉野ケ里遺跡の様子やその出土品，卑弥呼の伝承などから調べ，整理する。	○貧富の差ができたことにより出現した豪族同士が争い，くにができたことや金属器の技術が伝わったことを理解できるように，吉野ケ里遺跡やその出土品の写真資料，卑弥呼に関する資料を提示する。	◇貧富の差ができたことにより争いが起こり，多くのむらがまとまっていったことや金属器の技術が伝わったことを記述したり，発言したりしている。 <ノート・発言①>
	1	○古墳時代の古墳作りの様子を，高崎市の八幡塚古墳の様子や石室からの出土品から調べ，整理する。	○渡来人の技術力を背景に権力をもった王や豪族によって多様な古墳が作られたことを理解できるように，八幡塚古墳の全景や石室からの出土品の写真資料，群馬県の古墳分布図を提示する。	◇権力をもった王や豪族が渡来人の技術力を用いて，古墳を作らせたことを記述したり，発言したりしている。 <ノート・発言①>

		1	○**古墳時代の世の中の様子を，大型古墳の分布図や出土品から調べ，整理する。（本時）**	○大和朝廷の大王を中心に国土の統一が進められたことを理解できるように，3・4・5〜6世紀の大型古墳分布図と出土した鉄剣・鉄刀の写真資料を提示する。	◇前方後円墳の広がりとともに大和朝廷の勢力が拡大したことを記述したり，発言したりしている ＜ノート・発言①＞
ま と め る ・ 生 か す		1	○米作りをきっかけとした世の中の様子の変化について結論を出し，この時代の歴史を学ぶ意味を話し合う。	○米作りをきっかけとして，我が国の国家や社会の基盤が形づくられたことやその意味を考えられるように，米作りの伝来から大和朝廷による統一までの出来事の因果関係を整理する図を用意する。	◇米作りの伝来から，むらからくにへと世の中が変化していった過程を自分なりに価値付けて記述したり，発言したりしている。 ＜学習プリント・発言②＞
		3	○古事記の国の形成に関する神話を聞き，群馬県立歴史博物館とかみつけの里博物館の現場学習を行い，今後の歴史学習への見通しをもつ。	○国の形成に関する当時の人々のものの見方や考え方，これから歴史学習への関心を高められるように，神話にふれたり，遺跡や出土品などの文化遺産を見学したりする時間を十分に確保する。	◇遺跡や出土品などの文化遺産を意欲的に見学し，これからの学習への期待を記述している。 ＜行動・学習プリント③＞

V 本時の学習

1．ねらい
　大和朝廷の国土統一の様子を前方後円墳の分布図などで調べ，勢力が拡大した理由を話し合うことを通して，大陸の高い技術を拠り所にして統一を進めたことを理解する。

2．準　備
　3世紀・6世紀の大型古墳分布図と勢力分布図，鉄剣の銘文の写真　鉄の延べ板の出土位置を示した地図

3．展　開

学習活動と子どもの意識	指導上の留意点
1　本時のめあてをつかむ。 ・近畿地方に大型古墳が集中しているね。その他の地域は大和じゃないくにだよ。 ・どのように大和朝廷が国土統一していったのか古墳の資料で調べたら分かりそうだ。	○大和朝廷の国土統一の様子を明らかにするという本時の学習の見通しをもてるように，3世紀の大型古墳分布図と勢力分布図，学習計画表を提示し，前方後円墳の集中する場所や大和朝廷の勢力範囲，本時追究する内容を問いかける。
2　大型古墳の分布と大和朝廷の勢力の移り変わりについて，気付いたことを話し合う。	○前方後円墳の近畿地方への集中と東西への広がりに気付けるように，3世紀と6世紀の大型古墳分布図と大和朝廷の勢力範囲を

・6世紀には全国にたくさんの前方後円墳が増えたのか。私たちの住む群馬にも大きな古墳があるね。 ・たしかに，6世紀に勢力下にある九州や東北にも前方後円墳が作られているのだな。 ・大王の名が入った鉄剣も見つかったのか。 ・大和朝廷はなぜ勢力を拡大することができたのだろうか。戦に強かったからかな。	提示し，時間の経過に伴う変化の様子を問いかける。 ○時間の経過とともに前方後方墳よりも前方後円墳が多く作られたことに気付けるように，古墳の形の違いに着目するよう助言する。 ○大和朝廷の勢力の広がりを実感できるように，2つの鉄剣の銘文の写真を提示し，共通して書かれている内容を問いかける。
3　大和朝廷の勢力が拡大した理由を話し合う。 ・この鉄の延べ板は，日本だけでなく朝鮮半島でも出土していたのだな。 ・大和朝廷は大陸から鉄を手に入れて鉄の武器や鎧を多く持っていたから戦に強かったのではないかな。 ・なるほど，四国や関東でも出土しているということは，大和と関係の深いくにに鉄を与えていたと考えられるね。 ・大和朝廷は鉄作りや古墳作りなどの大陸の技術を背景に勢力を拡大したのだな。	○大和朝廷が勢力を拡大した理由を大陸の鉄の広がりと関連付けて考えられるように，鉄の延べ板の出土位置を示した資料を提示するとともに，互いの考えをペアで交流するよう促す。 ○勢力を拡大した理由を大陸の鉄の広がりと関連付けられない子どもには，卑弥呼が魏に朝貢し，銅鏡や金印を得たことを想起するよう促す。 評価項目 大和朝廷が大陸の高い技術を背景に勢力を拡大したことを記述したり，発言したりしている。＜ノート・発言①＞
4　本時の学習を振り返る。 ・今日は，古墳や出土品の分布などの資料で調べて，大和朝廷の勢力と結び付けたら大和朝廷が国土統一した様子が分かったよ。 ・次回は，学習問題の結論を出すのだったな。ノートを見直せば，米作りをきっかけにした世の中の変化をまとめられそうだな。	○古墳や出土品の分布図を調べ，それらを関連付けて問題解決できた成果を実感できるように，「どのような資料を使って学んだか」の視点を提示し，本時の振り返りを記述するよう促す。 ○次時への見通しをもてるように，「米作りの伝来」と「大和朝廷の統一」のカードを提示し，間をつなぐ出来事を問いかける。

4　授業デザイン力の向上のための省察

　変化の激しい現在の社会において，教師による知識伝達型の授業はもはや成立しなくなってきている。子どもたちの「主体的・対話的な深い学び」の実現のためには，教師が子どもを主役にした学びある授業をいかにデザインできるかにかかっている。小学校現場の日常は多忙であり，高学年は授業以外の活動

やその指導の比重も大きいため，高学年を担当する教師が日々の実践を振り返ることはことのほかむずかしい。しかし，授業デザイン力の向上のためには，授業を一回性のものとみず，子どもの学ぶ姿をもとに，単元・授業構想の省察を繰り返すことが大切である。授業のPCDAを習慣とし，よりよい授業を探究する日々の実践こそ，教師の力量形成と子どもの力の育成を支えている。

第4節　社会科教育と道徳教育―郷土愛を例に―

1　社会科教育と道徳教育

　社会科教育は戦後教育の発足以来，道徳教育とは深いかかわりをもつ教科として位置づけられてきたが，その意義が徹底しなかったため，平成20年版学習指導要領において，社会科をはじめとするすべての教科において，各教科の特質に応じて適切な道徳教育を行うようにとの新たな指示がなされることになった。社会科の場合でいえば，平成29年版小学校学習指導要領「社会」の「第3 指導計画の作成と内容の取り扱い」において次のように述べられている。

> 　第1章総則の第1の2及び第3章道徳の第1に示す道徳教育の目標に基づき，道徳科などとの関連を考慮しなから，第3章道徳の第2に示す内容について，社会科の特質に応じて適切な指導をすること。　　　　　　＊下線は筆者加筆

　いっぽう，わが国の道徳教育は昭和33年（1958）の「道徳の時間」の特設以来，長い間，「道徳の時間」において行われてきた。そして，平成27年（2015）に「特別の教科　道徳」（通称「道徳科」）へと発展し，各教科教育と道徳教育との関連が一層強く求められている。以下では「郷土愛」を例にして，社会科と道徳教育との関連について述べる。

2　平成29年版学習指導要領における「郷土愛」

（1）総則および道徳科における郷土愛

　道徳教育は全教育活動で行われる場合とそれらの要である道徳科で行う場合

の2通りがある。全教育活動での道徳教育の目標・内容は学習指導要領の「総則」の「教育課程編成の一般方針」において述べられている。

> 「道徳教育を進めるに当たっては，人間尊重の精神と生命に対する畏敬の念を家庭，学校，その他社会における具体的な生活の中に生かし，豊かな心を持ち，伝統と文化を尊重し，それらを育んできた我が国と郷土を愛し，……未来を拓く主体性のある日本人の育成に資することとなるよう特に留意すること。」

この文章から，道徳教育と社会科の目標・内容とが深い関係にあること，郷土愛が道徳教育の重要な内容であることがわかる。

道徳科についてみると，道徳科には22の内容項目が示されていて，それらは大きく「A．主として自分自身に関すること」「B．主として人との関わりに関すること」「C．主として集団や社会との関わりに関すること」「D．主として生命や自然，崇高なものとの関わりに関すること」の4つに分類されている。このうち「C」と「D」が社会科と深い関連をもつ項目である。郷土愛に関する内容は「C」に含まれ，具体的には次のように示されている。

> ○第1学年及び第2学年
> 　我が国や郷土の文化と生活に親しみ，愛着を持つこと。
> ○第3学年及び第4学年
> 　我が国や郷土の伝統と文化を大切にし，国や郷土を愛する心をもつこと。
> ○第5学年及び第6学年
> 　我が国や郷土の伝統と文化を大切にし，先人の努力を知り，国や郷土を愛する心を持つこと。

（2）社会科における郷土愛

小学校学習指導要領「社会」の「第1　目標」の（3）において次のように述べられている。

> 「…多角的な理解や思考を通して，地域社会に対する誇りと愛情，地域社会の一員としての自覚，我が国の国土と歴史に対する愛情，…などを養う。」

文中の「地域社会に対する誇りと愛情，地域社会の一員としての自覚」という部分が郷土愛に直結するものである。学年別にみると，第3学年の目標に

「地域社会に対する誇りと愛情，地域社会の一員としての自覚を養う」とある。第４学年も同じ文言である。第５・第６学年の目標には郷土愛に関するものはみられない。

3　社会科および道徳科における郷土愛に関する扱い方

　社会科と道徳科の双方で取り上げられている「郷土の伝統・文化」に関する事例を取り上げ，郷土愛の扱い方について比較考察する。取り上げたのは社会科の小単元「つたえる人受け継ぐ人―中宿灯籠人形―」（全11時間）（佐藤浩樹『地域の未来を考え提案する社会科学習』学芸図書，2006年）と道徳科の「祭りだいこ」（全１時間）（赤堀博行編著『新・小学校道徳指導細案』明治図書，2000年）である。

　社会科で取り上げた中宿灯籠人形は，群馬県安中市中宿に江戸時代から伝わる日本で唯一の形式の人形芝居で，群馬県初の国指定重要無形民俗文化財である。単元の目標は「地域の文化財や伝統行事を進んで調べ，考えることを通して，地域の文化財や行事を受け継ぐ人たちを共感的に理解し，地域の一員としての自覚を持ち，地域の行事への関心を高めることができる」で，単元の指導計画は表4.1（第４章第１節を参照）である。最後の第10，11時の２時間で，「中宿灯籠人形をずっと続けるとよいか」という論題について，討論を主とした学習が行われた。第10時では，賛成（22人），反対（12人）の意見が出され，それぞれの理由が述べられ，第11時では，相手の意見への反論を中心にして話し合いがなされた。しかし，結論は出ず，そこで，教師が「課題を解決しながら灯籠人形を続けるとしたらどうしたらよいか」と問いかけ，それに対してさまざまな考え方が出された。最後に中宿灯籠人形の学習を終えての感想を書かせ，授業は終了した。その感想は下記のようなものである。

・いろいろなことがこの学習でわかった。とても楽しくできたのでまたやりたい。私も参加してみたい。
・中宿灯籠人形のすばらしさや大切さが分かってよかったと思う。

> ・人形を動かす人の気持ちが分かったような気がした。ずっと前からやっていたから，もっといつまでも続けてもらいたい。
> ・楽しみにしている人がいるから，これから先もずっと続けてほしいです。

　この授業によって，子どもたちは地域に古くから伝わる伝統文化の大切さ・すばらしさを知り，これからも続けてほしいという感想を抱いた。第3学年社会科の目標である「地域社会に対する誇りと愛情を養う」につながった学習といえる。

　つぎに，道徳科の実践例「祭りだいこ」（小学校中学年）をみてみよう（赤堀，2000年）。教材観は次のようである。

> 　お祭りでお囃子を代々受け継いでいる一家に生まれた小学3年生の良子は，父からお囃子への参加を求められる。良子は恥ずかしさを感じ，少し戸惑いながら参加を決意するが，地域の大人の方々や先輩の熱意，さらには祭りを楽しむ地域の人々の思いに触れて，祭りの素晴らしさに気付き，これからも続けていこうと考えるようになる。参加することへの戸惑いから「少し考えさせてね」とすぐに決めかねたり，祭りの最中に友達と顔を合わせてにっこりしたりする良子の心情を考えさせることで，郷土の諸行事や諸活動に進んでかかわることのできる資料であると考える。

　本時のねらいは，「祭りばやしに参加した良子のゆれ動く心情と，参加して得た成就感を考えさせる活動を通して，郷土の伝統や文化を大切にし，進んでかかわろうとする心情を育てる」である。

　社会科の場合と道徳科の場合を比較すると，そのねらいは両者とも「郷土（地域）の伝統や文化に関心をもつこと」が最大公約数的なものとして考えられる。「郷土（地域）の伝統や文化に関心をもつこと」を郷土愛の1つの姿とするならば，どちらも郷土愛の育成に資する実践であるといえよう。両者のちがいは，道徳科の場合は，登場人物（良子）のゆれ動く心情に焦点をあてているのに対し，社会科の場合は，地域社会全体のさまざまな実態をフィールドワークを含めて丹念に調べ，そのなかから地域の特色である中宿灯籠人形を取り上げてあらゆる角度（写真，資料，ゲストティーチャー）から調べ・検討し，そのうえで，存続の是非について十分な討論をしていることである。そのため

時数は全11時間を費やし、道徳科が全1時間であるのとは大差がある。

4 「郷土・郷土愛」教育の構造と社会科,道徳科

上記の社会科での実践例をもとにして、郷土・郷土愛教育の構造を考えたのが図4.3である。これを社会科教育の本質である「社会認識（知的側面）と公民的資質（態度的・実践的側面）の育成」に位置づけると図4.4のようになる。社会科教育は知的側面の目標と態度的・実践的側面の目標を分離せずに統一的に形成していくところに本質がある。郷土・郷土愛教育でいえば、知的側面が郷土認識であり、それはAの部分が該当する。態度的・実践的側面は郷土愛の育成であり、それはBとCの部分が該当する。もちろんA、B、Cの各部分は画然と分けられるのではなく、相互に交錯している。社会科教育はその本質からして、Aだけではなく道徳的内容（B、C）をも内包している教科である。これに対して道徳教育は主としてB、Cの部分に焦点をあてていて、Aにあたる部分はほとんど扱われない。社会科教育においてはAの部分は不可欠の要素

図4.3　郷土・郷土愛教育の構造

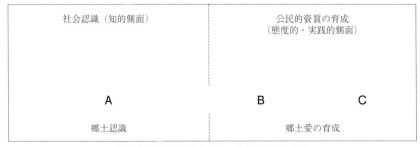

図4.4　社会科教育と郷土・郷土愛教育の構造

で，むしろこの部分に大きな比重をおいている。とはいっても，Aだけでは社会科教育は完結せず，B，Cの部分も必要で，B，Cの部分こそが究極的な目標とされている。また，道徳教育の場合のB，Cの部分が個人の心情，心の動きに焦点をあてているのに対し，社会科教育におけるB，Cは個人の心情ではなく，あくまで社会（郷土）のあり方にかかわる態度的・実践的側面をテーマにしている点に特徴がある。

今日，社会科の特質に応じた適切な道徳的指導が社会科教育に求められている。社会科教育はその本質からして道徳的内容を内包しており，道徳的価値項目の1つである「郷土愛」の育成に深くかかわっている。ただし，あくまで郷土社会（地域社会）のあり方との関連で郷土愛的内容が扱われるのであって，道徳科のように個人の心情に焦点をあてて郷土愛的内容を扱うわけではない。これが社会科の特質に応じた適切な指導というものである。このような社会科指導はすでに多くなされているが，多くの場合，道徳教育との関連について意識・留意されていないのが残念である。

第5節　社会科と「社会に開かれた教育課程」

1 「社会に開かれた教育課程」とは

平成29年版学習指導要領では「社会に開かれた教育課程」という新しい概念が示された。これまでも「開かれた学校」が提唱されてきたが，同じ「開かれた」を用いるものの，両者の登場背景や概念は異なっている。

「開かれた学校」は，1980年代，国内の学校で校内暴力やいじめなど学校だけでは対応しきれないような問題が数多く発生し，同時に学校の閉鎖性を指摘する声が高まったことを受け，学校が保有する情報を警察や児童相談所などの外部機関や地域社会に開示し，「参加」と「協力」を求めていくなかで頻繁に使われるようになった。また1980年代半ばに，国際化，情報化，高齢化，個性

化などの新たな課題に対応して臨時教育審議会が「生涯学習体系への移行」を提起したことを受け，学習者の生涯にわたるニーズを重視した教育全般の改編が行われ，学校内外の人的・物的資源の活用を図りながら学校・地域・家庭が連携していく「学社連携」「学社融合」社会を構築するうえで使われるようになった。さらに1996年の中央教育審議会答申「21世紀を展望した我が国の教育の在り方」は，学校をできるだけ開いて地域コミュニティにおける役割を適切に果たしていく必要性を示した。その結果，学校公開や学校運営協議会制度（コミュニティスクール），学校評価，地域を題材とした伝統文化教育などが実施されるようになった。

「社会に開かれた教育課程」は，2016（平成28）年8月，中央教育審議会教育課程部会の「次期学習指導要領に向けたこれまでの審議のまとめ」のなかで，学習指導要領の改訂の基本方針として示されたものである。「社会に開かれた教育課程」の理念は以下の3点である。

①社会や世界の状況を幅広く視野に入れ，よりよい学校教育を通じてよりよい社会を創るという目標を持ち，教育課程を介してその目標を社会と共有していくこと。
②これからの社会を創り出していく子供たちが，社会や世界に向き合い関わり合い，自らの人生を切り拓いていくために求められる資質・能力とは何かを，教育課程において明確化し育んでいくこと。
③教育課程の実施に当たって，地域の人的・物的資源を活用したり，放課後や土曜日等を活用した社会教育との連携を図ったりし，学校教育を学校内に閉じずに，その指すところを社会と共有・連携しながら実現させること。

このように「社会に開かれた教育課程」は，学校と社会の協力・連携にとどまらず，わが国をとりまく今日の危機的な状況や将来の課題，すなわち少子・高齢化の進展，グローバル化の進展，雇用環境の変容，地域社会・家族の変容，格差の再生産・固定化，地球規模の課題への対応などを学校と社会が共有し，地域でどのような子どもを育てるのか，何を実現していくのかという観点から教育の内容まで踏み込み，総がかりで解決していくことを図って提唱されたも

のである。

　社会科は，身近な地域を含む社会について調べ，社会の課題を解決し，よりよい社会のあり方を考えることを通じて国家および社会の形成者に必要な公民としての資質・能力を育てる教科であることから，上記理念を掲げた「社会に開かれた教育課程」を実現するうえで果たす役割は大きい。平成29年版学習指導要領下での小学校社会科の実践にあたっては，「社会に開かれた教育課程」のなかで，公民としての資質・能力の基礎の育成，「社会的事象の見方・考え方」を働かせた学びの過程の充実，社会とのかかわりを意識して学習問題を追究・解決する学習の充実，現代的な諸課題をふまえた新しい教育内容の見直し・改善を図っていくことが求められる。

　「社会に開かれた教育課程」の理念を小学校社会科のカリキュラムとして具体化する際には，児童の発達段階や特性はもちろん，学校や地域の実態を十分考慮すること，また今日推進されている学校運営協議会制度（コミュニティスクール）や地域学校協働活動や，近隣の小学校や幼稚園，保育所，校区の中学校，特別支援学校など学校間相互の連携や協働，交流することが必要である。

　学校の実態としては，小学校社会科の学習が他校種の教育課程とどうつながり，最終的に実社会でどのように活用できるのか，保育園・幼稚園から始まり小学校，中学校，高等学校，大学，実社会を見据えた教育活動を計画することである。その際，教師の指導力，教材・教具の整備状況，地域住民による連携および協働の体制にかかわる状況などを具体的に把握し，教科横断的な視点も取り入れながら各教育内容と効果的に組み合わせていくことが重要である。

　地域の実態としては，地域社会の現状だけでなく，歴史的な経緯や将来への展望など，広く社会の変化に注目しながら的確に把握し，地域の教育資源や学習環境（近隣の学校，社会教育施設，児童の学習に協力できる人材等）を考慮した教育活動を計画することが重要である。なお，家庭や地域との円滑な連携を図るうえできわめて大切なのは相互の意思疎通である。教育活動の意義や内容，方法，児童の学習状況などを家庭や地域社会に適切に情報発信し，理解や協力

を得たり，家庭や地域からの要望にも応えたりすることで，地域とつながる社会科教育が展開できる。

なお，地域との連携や外部資源の活用に関しては，平成29年版小学校学習指導要領社会の「内容の取扱いについての配慮事項」に，下記の記載がある。

> ○関係の機関や施設などどの連携を綿密にとること
> ○施設の学芸員や指導員などから話を聞いたり協力して教材研究を行ったりして，指導計画を作成する手掛かりを得ること
> ○特別活動の遠足・集団宿泊的行事や総合的な学習の時間における伝統や文化に関する学習活動などとの関連を指導計画に示すこと
> ○地域の専門家や関係者，関係諸機関と円滑な連携・協働を図ること，そうした人々と社会に見られる課題の解決にむけて意見交換すること
> ○学校支援地域本部などの活動と連携を図ること

2 「社会に開かれた教育課程」の実現をめざす小学校社会科の実践例

現在全国各地で「社会に開かれた教育課程」の理念の実現に向けた研究・実践が行われている。ここでは小学校社会科とかかわりがみられる2つの実践例を紹介する。

（1）コミュニティスクールを基盤に小・中一貫して取り組む防災授業

学校を中心としたコミュニティづくりをめざす東京都三鷹市は，7つの全公立中学校区で小中一貫教育の体制を整備し，それぞれが学園として小中合同行事や交流活動などを特色ある教育を実践している。

2009（平成21）年に開園した三鷹中央学園は，三鷹市立第四中学校，第三小学校，第七小学校から構成される連携型の小中一貫教育校で，学校運営協議会の承認を得た三鷹中央学園防災教育全体計画に基づき，小学1年から中学3年までの全学年で，生活科，社会科，理科，総合的な学習の時間，行事，学級活動などと連携させた防災授業を行っている。うち小学校社会科がかかわっている教育内容・教育活動は，3年総合的な学習の時間内での「社会科の町探検を通じて地震が起きたら学校のまわりがどうなるかを考える」活動や，4年「安

全なくらし」での「校内の消防施設調べ，消防署見学，地域の消防施設調べ，地域社会における災害の防止（火災・風水害・地震）」，5年「自然災害の防止」「情報化した社会と国民生活」，6年「地方公共団体や国の政治の働き（災害復旧の取組）」などである。

　この計画をコーディネートし実践にかかわっているのは，一般社団法人みたかSCサポートネットという学校教育支援団体である。東日本大震災を契機に地域の子どもたちに「自助」「共助」「公助」の力を育みたいという思いを学校に働きかけた結果，実現したものである。子どもたちは9年間の連続性のある学びや地域の防災活動（防災体験キャンプや防災訓練）への参加を通して，これらの力や地域の一員であるという自覚を身につけている。授業の実施にあたっては，教員が作成した指導案に基づいて事前打ち合わせをし，授業後は教員と一緒に成果や課題を確認して次年度に申し送りしている。もし担任が変わっても地域のメンバーは変わらないので円滑に運営することができている。

（2）ESDの観点から小・中一貫で取り組む地域学習

　群馬県藤岡市立小野小学校は，9年間のつながりのある教育活動を展開する連携型小中一貫教育を行っている。同校では，地域に愛着と誇りをもち，社会や世界に広く目を向けることができる子どもを育てるための「高山社学」，自分と異なる文化をもつ外国人とつながることを目的とした「英語力向上」に取り組み，教科横断的・総合的な学びや具体的な活動や体験的な学び（地域素材を活用した学習，地域行事への参加・参画など）を行っている。

　2017年度にユネスコスクールに加盟し，アートマイル国際交流壁画プロジェクトに参加したことをきっかけに，ESD（持続可能な開発のための教育）の視点から，これまでの地域学習を海外のパートナー校との国際協働学習に広げる探究的な学習へと再構築した。

　アートマイル国際交流壁画プロジェクトに関連した活動は，低学年から学んできた高山社学を中心とした地域学習の成果を「群馬のたからもの」として海外の児童（事例は台湾の嘉儀（かぎ）小学校）に伝える学習として，6年生の1〜3学期

で行われた。

> *高山社学：高山社は高山長五郎（1830〜1886）が開発した蚕の清温育を全国に広めるために作った養蚕法の伝習所で，2014年に世界遺産に登録された「富岡製糸場や絹産業遺産群」を構成する資産の一つ。高山社学は市内中学校区で作成した高山社学系統表に基づき，市内各地の郷土の歴史や人物，文化などの学習も合せて生活科，理科，社会科，道徳，総合的な学習の時間で実践されている。
> *アートマイル国際交流壁画共同制作プロジェクト：「決まった答えがない問題を多様な他者と対話的・協働的に解決する力」や「無から新しい価値を生み出す力」を育むことを目的に，一般財団法人ジャパンアートマイルが推進し，ユネスコが推奨するESD奨励プログラム。国際協働学習として海外のパートナー校とICT機器やインターネットを使って「平和」や「環境」など世界共通の学習テーマについて学び合い，学習の成果を1枚の大型壁画（縦1.5m，横3.6m）に半分ずつ描いて完成させる（文部科学省・外務省後援，JICA協力）。

　実施教科は，総合的な学習の時間「伝えよう群馬のたからもの」（35時間），国語科「町の良さを伝えるパンフレットを作ろう」（12時間），英語科「自己紹介，地域紹介をしよう」（2時間），図画工作科「伝えようすてきなふるさと」（16時間），社会科「世界の未来と日本の役割」（1時間）であった。4〜8月は事前学習として，群馬の特色やよさを調べてパンフレットにする，英語で地域紹介ができるよう写真やイラストを使ったカードを作成する，嘉儀の特徴やよさをノートにまとめる活動などを行った。9月以降はICT機器やインターネットなどを使って互いの地域の魅力紹介を行い，互いの特色やよさを比べてわかったことや気づいたことを共有したり，群馬の特色やよさを絵に描いたりした。そして互いに共有したことをもとに世界に訴えるメッセージ「お互いの『地域のたからもの』を大切にしてきたい」を表す壁画を制作した。最後にまとめとして社会科「世界の未来と役割」の単元で，文化や伝統のちがいを実感させる学習を行った。

参考文献

井田仁康・唐木清志編著『初等社会科教育』ミネルヴァ書房，2018.3
稲井達也・伊藤哲・吉田和夫編『「社会に開かれた教育課程」を実現する学校づくり』東洋館出版社，2018.12
粕谷昌良『アナザーストーリーの社会科授業』学事出版，2019.3
北俊夫『なぜ子どもたちに社会科を学ばせるのか』文溪堂，2012.4
北俊夫・加藤寿朗編著『小学校新学習指導要領の展開　社会』明治図書，2018.1
北俊夫『思考力・判断力・表現力を鍛える　新社会科の指導と評価』明治図書，2017.9
国立教育政策研究所『社会系教科のカリキュラムの改善に関する研究―歴史的変遷（１）』2001.3
澤井陽介・中田正弘『社会科授業のつくり方』東洋館出版社，2014.1
佐藤浩樹『地域の未来を考え提案する社会科学習』学芸図書，2006.5
佐藤浩樹『小学校社会科カリキュラムの新構想―地理を基盤とした小学校社会科カリキュラムの提案』学文社，2019.7
社会認識教育学会編『小学校社会科教育』学術図書出版社，2010.9
全国社会科教育学会編『新社会科授業づくりハンドブック　小学校編』明治図書，2015.10
田山修三『若い教師を育てる五円玉の授業』小学館，2011.3
寺本潔『教師のための地図活―地図帳・地球儀・防災・観光の活かし方』帝国書院，2017.4
東京学芸大学社会科教育研究室『小学校社会科教師の専門性改訂版』教育出版，2012.2
日本社会科教育学会編『社会科授業力の開発　小学校編』明治図書，2008.7
日本社会科教育学会編『新版社会科教育事典』ぎょうせい，2012.6
日本 NIE 研究会『新聞で育む・つなぐ』東洋館出版社，2015.5
沼澤清一『有田式発問・板書が身につく！　社会科指導案の書き方入門』学芸みらい社，2017.9
水野雅夫『小学校における社会科地理教育の実践と課題』古今書院，2017.12
安野功他編著『小学校新学習指導要領ポイント総整理　社会』東洋館出版社，2017.9
山口幸男編『新・シミュレーション教材の開発と実践―地理学習の新しい試み』古今書院，1999.6
山口幸男編『現代群馬の郷土教材探求―社会科学習・総合的学習の基礎として』あさを社，2001.3
山口幸男『社会科地理教育論』古今書院，2002.10
山口幸男『明治期郷土唱歌』学芸図書，2003.5
山口幸男・山本友和・黒崎至高・佐藤浩樹・原口美貴子編『社会科教育と地域・国際化―群馬，新潟からの発信』あさを社，2005.10
山口幸男・山本友和編著『初等社会科教育研究』学芸図書，2009.3
山口幸男『地理思想と地理教育論』学文社，2009.12
由井薗健『一人ひとりが考え，全員でつくる社会科授業』東洋館出版社，2017.6

資　料

平成29年版小学校学習指導要領（抄）

第1章　総　則

第1　小学校教育の基本と教育課程の役割

1　各学校においては，教育基本法及び学校教育法その他の法令並びにこの章以下に示すところに従い，児童の人間として調和のとれた育成を目指し，児童の心身の発達の段階や特性及び学校や地域の実態を十分考慮して，適切な教育課程を編成するものとし，これらに掲げる目標を達成するよう教育を行うものとする。

2　学校の教育活動を進めるに当たっては，各学校において，第3の1に示す主体的・対話的で深い学びの実現に向けた授業改善を通して，創意工夫を生かした特色ある教育活動を展開する中で，次の(1)から(3)までに掲げる事項の実現を図り，児童に生きる力を育むことを目指すものとする。

(1)　基礎的・基本的な知識及び技能を確実に習得させ，これらを活用して課題を解決するために必要な思考力，判断力，表現力等を育むとともに，主体的に学習に取り組む態度を養い，個性を生かし多様な人々との協働を促す教育の充実に努めること。その際，児童の発達の段階を考慮して，児童の言語活動など，学習の基盤をつくる活動を充実するとともに，家庭との連携を図りながら，児童の学習習慣が確立するよう配慮すること。

(2)　道徳教育や体験活動，多様な表現や鑑賞の活動等を通して，豊かな心や創造性の涵養を目指した教育の充実に努めること。

　学校における道徳教育は，特別の教科である道徳（以下「道徳科」という。）を要として学校の教育活動全体を通じて行うものであり，道徳科はもとより，各教科，外国語活動，総合的な学習の時間及び特別活動のそれぞれの特質に応じて，児童の発達の段階を考慮して，適切な指導を行うこと。

　道徳教育は，教育基本法及び学校教育法に定められた教育の根本精神に基づき，自己の生き方を考え，主体的な判断の下に行動し，自立した人間として他者と共によりよく生きるための基盤となる道徳性を養うことを目標とすること。

　道徳教育を進めるに当たっては，人間尊重の精神と生命に対する畏敬の念を家庭，学校，その他社会における具体的な生活の中に生かし，豊かな心をもち，伝統と文化を尊重し，それらを育んできた我が国と郷土を愛し，個性豊かな文化の創造を図るとともに，平和で民主的な国家及び社会の形成者として，公共の精神を尊び，社会及び国家の発展に努め，他国を尊重し，国際社会の平和と発展や環境の保全に貢献し未来を拓く主体性のある日本人の育成に資することとなるよう特に留意すること。

(3)　学校における体育・健康に関する指導を，児童の発達の段階を考慮して，学校の教育活動全体を通じて適切に行うことにより，健康で安全な生活と豊かなスポーツライフの実現を目指した教育の充実に努めること。特に，学校における食育の推進並びに体力の向上に関する指導，安全に関する指導及び心身の健康の保持増進に関する指導については，体育科，家庭科及び特別活動の時間はもとより，各教科，道徳科，外国語活動及び総合的な学習の時間などにおいてもそれぞれの特質に応じて適切に行うよう努めること。また，それらの指導を通して，家庭や地域社会との連携を図りながら，日常生活において適切な体育・健康に関する活動の実践を促し，生涯を通じて健康・安全で活力ある生活を送るための基礎が培われるよう配慮すること。

3　2の(1)から(3)までに掲げる事項の実現を図り，豊かな創造性を備え持続可能な社会の創り手となることが期待される児童に，生きる力を育むことを目指すに当たっては，学校教育全体並びに各教科，道徳科，外国語活動，総合的な学習の時間及び特別活動（以下「各教科等」という。ただし，第2の3の(2)のア及びウにおいて，特別活動については学級活動（学校給食に係るものを除く。）に限る。）の指導を通してどのような資質・能力の育成を目指すのかを明確にしながら，教育活動の充実を図るものとする。その際，児童の発達の段階や特性等を踏まえつつ，

次に掲げることが偏りなく実現できるようにするものとする。
(1) 知識及び技能が習得されるようにすること。
(2) 思考力，判断力，表現力等を育成すること。
(3) 学びに向かう力，人間性等を涵養すること。
4 各学校においては，児童や学校，地域の実態を適切に把握し，教育の目的や目標の実現に必要な教育の内容等を教科等横断的な視点で組み立てていくこと，教育課程の実施状況を評価してその改善を図っていくこと，教育課程の実施に必要な人的又は物的な体制を確保するとともにその改善を図っていくことなどを通して，教育課程に基づき組織的かつ計画的に各学校の教育活動の質の向上を図っていくこと（以下「カリキュラム・マネジメント」という。）に努めるものとする。

第2 教育課程の編成
1 各学校の教育目標と教育課程の編成
　教育課程の編成に当たっては，学校教育全体や各教科等における指導を通して育成を目指す資質・能力を踏まえつつ，各学校の教育目標を明確にするとともに，教育課程の編成についての基本的な方針が家庭や地域とも共有されるよう努めるものとする。その際，第5章総合的な学習の時間の第2の1に基づき定められる目標との関連を図るものとする。
2 教科等横断的な視点に立った資質・能力の育成
(1) 各学校においては，児童の発達の段階を考慮し，言語能力，情報活用能力（情報モラルを含む。），問題発見・解決能力等の学習の基盤となる資質・能力を育成していくことができるよう，各教科等の特質を生かし，教科等横断的な視点から教育課程の編成を図るものとする。
(2) 各学校においては，児童や学校，地域の実態及び児童の発達の段階を考慮し，豊かな人生の実現や災害等を乗り越えて次代の社会を形成することに向けた現代的な諸課題に対応して求められる資質・能力を，教科等横断的な視点で育成していくことができるよう，各学校の特色を生かした教育課程の編成を図るものとする。
3 教育課程の編成における共通的事項
(1) 内容等の取扱い
　ア 第2章以下に示す各教科，道徳科，外国語活動及び特別活動の内容に関する事項は，特に示す場合を除き，いずれの学校においても取り扱わなければならない。
　イ 学校において特に必要がある場合には，第2章以下に示していない内容を加えて指導することができる。また，第2章以下に示す内容の取扱いのうち内容の範囲や程度等を示す事項は，全ての児童に対して指導するものとする内容の範囲や程度等を示したものであり，学校において特に必要がある場合には，この事項にかかわらず加えて指導することができる。ただし，これらの場合には，第2章以下に示す各教科，道徳科，外国語活動及び特別活動の目標や内容の趣旨を逸脱したり，児童の負担過重となったりすることのないようにしなければならない。
　ウ 第2章以下に示す各教科，道徳科，外国語活動及び特別活動の内容に掲げる事項の順序は，特に示す場合を除き，指導の順序を示すものではないので，学校においては，その取扱いについて適切な工夫を加えるものとする。
　エ 学年の内容を2学年まとめて示した教科及び外国語活動の内容は，2学年間かけて指導する事項を示したものである。各学校においては，これらの事項を児童や学校，地域の実態に応じ，2学年間を見通して計画的に指導することとし，特に示す場合を除き，いずれかの学年に分けて，又はいずれの学年においても指導するものとする。
　オ 学校において2以上の学年の児童で編制する学級について特に必要がある場合には，各教科及び道徳科の目標の達成に支障のない範囲内で，各教科及び道徳科の目標及び内容について学年別の順序によらないことができる。
　カ 道徳科を要として学校の教育活動全体を通じて行う道徳教育の内容は，第3章特別の教科道徳の第2に示す内容とし，その実施に当たっては，第6に示す道徳教育に関する配慮事項を踏まえるものとする。
(2) 授業時数等の取扱い
　ア 各教科等の授業は，年間35週（第1学年については34週）以上にわたって行うよう計画し，週当たりの授業時数が児童の負担過重にならないようにするものとする。ただし，各教科等や学習活動の特質に応じ効果的な場合

には，夏季，冬季，学年末等の休業日の期間に授業日を設定する場合を含め，これらの授業を特定の期間に行うことができる。
　イ　特別活動の授業のうち，児童会活動，クラブ活動及び学校行事については，それらの内容に応じ，年間，学期ごと，月ごとなどに適切な授業時数を充てるものとする。
　ウ　各学校の時間割については，次の事項を踏まえ適切に編成するものとする。
　　（ア）　各教科等のそれぞれの授業の1単位時間は，各学校において，各教科等の年間授業時数を確保しつつ，児童の発達の段階及び各教科等や学習活動の特質を考慮して適切に定めること。
　　（イ）　各教科等の特質に応じ，10分から15分程度の短い時間を活用して特定の教科等の指導を行う場合において，教師が，単元や題材など内容や時間のまとまりを見通した中で，その指導内容の決定や指導の成果の把握と活用等を責任をもって行う体制が整備されているときは，その時間を当該教科等の年間授業時数に含めることができること。
　　（ウ）　給食，休憩などの時間については，各学校において工夫を加え，適切に定めること。
　　（エ）　各学校において，児童や学校，地域の実態，各教科等や学習活動の特質等に応じて，創意工夫を生かした時間割を弾力的に編成できること。
　エ　総合的な学習の時間における学習活動により，特別活動の学校行事に掲げる各行事の実施と同様の成果が期待できる場合においては，総合的な学習の時間における学習活動をもって相当する特別活動の学校行事に掲げる各行事の実施に替えることができる。
(3)　指導計画の作成等に当たっての配慮事項
　各学校においては，次の事項に配慮しながら，学校の創意工夫を生かし，全体として，調和のとれた具体的な指導計画を作成するものとする。
　ア　各教科等の指導内容については，(1)のアを踏まえつつ，単元や題材など内容や時間のまとまりを見通しながら，そのまとめ方や重点の置き方に適切な工夫を加え，第3の1に示す主体的・対話的で深い学びの実現に向けた授業改善を通して資質・能力を育む効果的な指導ができるようにすること。
　イ　各教科等及び各学年相互間の関連を図り，系統的，発展的な指導ができるようにすること。
　ウ　学年の内容を2学年まとめて示した教科及び外国語活動については，当該学年間を見通して，児童や学校，地域の実態に応じ，児童の発達の段階を考慮しつつ，効果的，段階的に指導するようにすること。
　エ　児童の実態等を考慮し，指導の効果を高めるため，児童の発達の段階や指導内容の関連性等を踏まえつつ，合科的・関連的な指導を進めること。
4　学校段階等間の接続
　教育課程の編成に当たっては，次の事項に配慮しながら，学校段階等間の接続を図るものとする。
(1)　幼児期の終わりまでに育ってほしい姿を踏まえた指導を工夫することにより，幼稚園教育要領等に基づく幼児期の教育を通して育まれた資質・能力を踏まえて教育活動を実施し，児童が主体的に自己を発揮しながら学びに向かうことが可能となるようにすること。
　また，低学年における教育全体において，例えば生活科において育成する自立し生活を豊かにしていくための資質・能力が，他教科等の学習においても生かされるようにするなど，教科等間の関連を積極的に図り，幼児期の教育及び中学年以降の教育との円滑な接続が図られるよう工夫すること。特に，小学校入学当初においては，幼児期において自発的な活動としての遊びを通して育まれてきたことが，各教科等における学習に円滑に接続されるよう，生活科を中心に，合科的・関連的な指導や弾力的な時間割の設定など，指導の工夫や指導計画の作成を行うこと。
(2)　中学校学習指導要領及び高等学校学習指導要領を踏まえ，中学校教育及びその後の教育との円滑な接続が図られるよう工夫すること。特に，義務教育学校，中学校連携型小学校及び中学校併設型小学校においては，義務教育9年間を見通した計画的かつ継続的な教育課程を編成すること。

第3　教育課程の実施と学習評価
1　主体的・対話的で深い学びの実現に向けた授

業改善　各教科等の指導に当たっては，次の事項に配慮するものとする。
(1) 第1の3の(1)から(3)までに示すことが偏りなく実現されるよう，単元や題材など内容や時間のまとまりを見通しながら，児童の主体的・対話的で深い学びの実現に向けた授業改善を行うこと。
　特に，各教科等において身に付けた知識及び技能を活用したり，思考力，判断力，表現力等や学びに向かう力，人間性等を発揮させたりして，学習の対象となる物事を捉え思考することにより，各教科等の特質に応じた物事を捉える視点や考え方（以下「見方・考え方」という。）が鍛えられていくことに留意し，児童が各教科等の特質に応じた見方・考え方を働かせながら，知識を相互に関連付けてより深く理解したり，情報を精査して考えを形成したり，問題を見いだして解決策を考えたり，思いや考えを基に創造したりすることに向かう過程を重視した学習の充実を図ること。
(2) 第2の2の(1)に示す言語能力の育成を図るため，各学校において必要な言語環境を整えるとともに，国語科を要としつつ各教科等の特質に応じて，児童の言語活動を充実すること。あわせて，(7)に示すとおり読書活動を充実すること。
(3) 第2の2の(1)に示す情報活用能力の育成を図るため，各学校において，コンピュータや情報通信ネットワークなどの情報手段を活用するために必要な環境を整え，これらを適切に活用した学習活動の充実を図ること。また，各種の統計資料や新聞，視聴覚教材や教育機器などの教材・教具の適切な活用を図ること。
　あわせて，各教科等の特質に応じて，次の学習活動を計画的に実施すること。
　ア　児童がコンピュータで文字を入力するなどの学習の基盤として必要となる情報手段の基本的な操作を習得するための学習活動
　イ　児童がプログラミングを体験しながら，コンピュータに意図した処理を行わせるために必要な論理的思考力を身に付けるための学習活動
(4) 児童が学習の見通しを立てたり学習したことを振り返ったりする活動を，計画的に取り入れるように工夫すること。
(5) 児童が生命の有限性や自然の大切さ，主体的に挑戦してみることや多様な他者と協働することの重要性などを実感しながら理解することができるよう，各教科等の特質に応じた体験活動を重視し，家庭や地域社会と連携しつつ体系的・継続的に実施できるよう工夫すること。
(6) 児童が自ら学習課題や学習活動を選択する機会を設けるなど，児童の興味・関心を生かした自主的，自発的な学習が促されるよう工夫すること。
(7) 学校図書館を計画的に利用しその機能の活用を図り，児童の主体的・対話的で深い学びの実現に向けた授業改善に生かすとともに，児童の自主的，自発的な学習活動や読書活動を充実すること。また，地域の図書館や博物館，美術館，劇場，音楽堂等の施設の活用を積極的に図り，資料を活用した情報の収集や鑑賞等の学習活動を充実すること。

2　学習評価の充実
　学習評価の実施に当たっては，次の事項に配慮するものとする。
(1) 児童のよい点や進歩の状況などを積極的に評価し，学習したことの意義や価値を実感できるようにすること。また，各教科等の目標の実現に向けた学習状況を把握する観点から，単元や題材など内容や時間のまとまりを見通しながら評価の場面や方法を工夫して，学習の過程や成果を評価し，指導の改善や学習意欲の向上を図り，資質・能力の育成に生かすようにすること。
(2) 創意工夫の中で学習評価の妥当性や信頼性が高められるよう，組織的かつ計画的な取組を推進するとともに，学年や学校段階を越えて児童の学習の成果が円滑に接続されるように工夫すること。

第4　児童の発達の支援
1　児童の発達を支える指導の充実
　教育課程の編成及び実施に当たっては，次の事項に配慮するものとする。
(1) 学習や生活の基盤として，教師と児童との信頼関係及び児童相互のよりよい人間関係を育てるため，日頃から学級経営の充実を図ること。また，主に集団の場面で必要な指導や援助を行うガイダンスと，個々の児童の多様な実態を踏まえ，一人一人が抱える課題に個別に対応した指導を行うカウンセリングの双方により，児童

の発達を支援すること。
　あわせて，小学校の低学年，中学年，高学年の学年の時期の特長を生かした指導の工夫を行うこと。
(2) 児童が，自己の存在感を実感しながら，よりよい人間関係を形成し，有意義で充実した学校生活を送る中で，現在及び将来における自己実現を図っていくことができるよう，児童理解を深め，学習指導と関連付けながら，生徒指導の充実を図ること。
(3) 児童が，学ぶことと自己の将来とのつながりを見通しながら，社会的・職業的自立に向けて必要な基盤となる資質・能力を身に付けていくことができるよう，特別活動を要としつつ各教科等の特質に応じて，キャリア教育の充実を図ること。
(4) 児童が，基礎的・基本的な知識及び技能の習得も含め，学習内容を確実に身に付けることができるよう，児童や学校の実態に応じ，個別学習やグループ別学習，繰り返し学習，学習内容の習熟の程度に応じた学習，児童の興味・関心等に応じた課題学習，補充的な学習や発展的な学習などの学習活動を取り入れることや，教師間の協力による指導体制を確保することなど，指導方法や指導体制の工夫改善により，個に応じた指導の充実を図ること。その際，第3の1の(3)に示す情報手段や教材・教具の活用を図ること。
2　特別な配慮を必要とする児童への指導
(1) 障害のある児童などへの指導
　ア　障害のある児童などについては，特別支援学校等の助言又は援助を活用しつつ，個々の児童の障害の状態等に応じた指導内容や指導方法の工夫を組織的かつ計画的に行うものとする。
　イ　特別支援学級において実施する特別の教育課程については，次のとおり編成するものとする。
　　(ア)　障害による学習上又は生活上の困難を克服し自立を図るため，特別支援学校小学部・中学部学習指導要領第7章に示す自立活動を取り入れること。
　　(イ)　児童の障害の程度や学級の実態等を考慮の上，各教科の目標や内容を下学年の教科の目標や内容に替えたり，各教科を，知的障害者である児童に対する教育を行う特別支援学校の各教科に替えたりするなどして，実態に応じた教育課程を編成すること。
　ウ　障害のある児童に対して，通級による指導を行い，特別の教育課程を編成する場合には，特別支援学校小学部・中学部学習指導要領第7章に示す自立活動の内容を参考とし，具体的な目標や内容を定め，指導を行うものとする。その際，効果的な指導が行われるよう，各教科等と通級による指導との関連を図るなど，教師間の連携に努めるものとする。
　エ　障害のある児童などについては，家庭，地域及び医療や福祉，保健，労働等の業務を行う関係機関との連携を図り，長期的な視点で児童への教育的支援を行うために，個別の教育支援計画を作成し活用することに努めるとともに，各教科等の指導に当たって，個々の児童の実態を的確に把握し，個別の指導計画を作成し活用することに努めるものとする。特に，特別支援学級に在籍する児童や通級による指導を受ける児童については，個々の児童の実態を的確に把握し，個別の教育支援計画や個別の指導計画を作成し，効果的に活用するものとする。
(2) 海外から帰国した児童などの学校生活への適応や，日本語の習得に困難のある児童に対する日本語指導
　ア　海外から帰国した児童などについては，学校生活への適応を図るとともに，外国における生活経験を生かすなどの適切な指導を行うものとする。
　イ　日本語の習得に困難のある児童については，個々の児童の実態に応じた指導内容や指導方法の工夫を組織的かつ計画的に行うものとする。特に，通級による日本語指導については，教師間の連携に努め，指導についての計画を個別に作成することなどにより，効果的な指導に努めるものとする。
(3) 不登校児童への配慮
　ア　不登校児童については，保護者や関係機関と連携を図り，心理や福祉の専門家の助言又は援助を得ながら，社会的自立を目指す観点から，個々の児童の実態に応じた情報の提供その他の必要な支援を行うものとする。
　イ　相当の期間小学校を欠席し引き続き欠席す

ると認められる児童を対象として，文部科学大臣が認める特別の教育課程を編成する場合には，児童の実態に配慮した教育課程を編成するとともに，個別学習やグループ別学習など指導方法や指導体制の工夫改善に努めるものとする。

第5　学校運営上の留意事項
1　教育課程の改善と学校評価等
　ア　各学校においては，校長の方針の下に，校務分掌に基づき教職員が適切に役割を分担しつつ，相互に連携しながら，各学校の特色を生かしたカリキュラム・マネジメントを行うよう努めるものとする。また，各学校が行う学校評価については，教育課程の編成，実施，改善が教育活動や学校運営の中核となることを踏まえ，カリキュラム・マネジメントと関連付けながら実施するよう留意するものとする。
　イ　教育課程の編成及び実施に当たっては，学校保健計画，学校安全計画，食に関する指導の全体計画，いじめの防止等のための対策に関する基本的な方針など，各分野における学校の全体計画等と関連付けながら，効果的な指導が行われるように留意するものとする。
2　家庭や地域社会との連携及び協働と学校間の連携
　教育課程の編成及び実施に当たっては，次の事項に配慮するものとする。
　ア　学校がその目的を達成するため，学校や地域の実態等に応じ，教育活動の実施に必要な人的又は物的な体制を家庭や地域の人々の協力を得ながら整えるなど，家庭や地域社会との連携及び協働を深めること。また，高齢者や異年齢の子供など，地域における世代を越えた交流の機会を設けること。
　イ　他の小学校や，幼稚園，認定こども園，保育所，中学校，高等学校，特別支援学校などとの間の連携や交流を図るとともに，障害のある幼児児童生徒との交流及び共同学習の機会を設け，共に尊重し合いながら協働して生活していく態度を育むようにすること。

第6　道徳教育に関する配慮事項
　道徳教育を進めるに当たっては，道徳教育の特質を踏まえ，前項までに示す事項に加え，次の事項に配慮するものとする。
1　各学校においては，第1の2の(2)に示す道徳教育の目標を踏まえ，道徳教育の全体計画を作成し，校長の方針の下に，道徳教育の推進を主に担当する教師（以下「道徳教育推進教師」という。）を中心に，全教師が協力して道徳教育を展開すること。なお，道徳教育の全体計画の作成に当たっては，児童や学校，地域の実態を考慮して，学校の道徳教育の重点目標を設定するとともに，道徳科の指導方針，第3章特別の教科道徳の第2に示す内容との関連を踏まえた各教科，外国語活動，総合的な学習の時間及び特別活動における指導の内容及び時期並びに家庭や地域社会との連携の方法を示すこと。
2　各学校においては，児童の発達の段階や特性等を踏まえ，指導内容の重点化を図ること。その際，各学年を通じて，自立心や自律性，生命を尊重する心や他者を思いやる心を育てることに留意すること。また，各学年段階においては，次の事項に留意すること。
(1)　第1学年及び第2学年においては，挨拶などの基本的な生活習慣を身に付けること，善悪を判断し，してはならないことをしないこと，社会生活上のきまりを守ること。
(2)　第3学年及び第4学年においては，善悪を判断し，正しいと判断したことを行うこと，身近な人々と協力し助け合うこと，集団や社会のきまりを守ること。
(3)　第5学年及び第6学年においては，相手の考え方や立場を理解して支え合うこと，法やきまりの意義を理解して進んで守ること，集団生活の充実に努めること，伝統と文化を尊重し，それらを育んできた我が国と郷土を愛するとともに，他国を尊重すること。
3　学校や学級内の人間関係や環境を整えるとともに，集団宿泊活動やボランティア活動，自然体験活動，地域の行事への参加などの豊かな体験を充実すること。また，道徳教育の指導内容が，児童の日常生活に生かされるようにすること。その際，いじめの防止や安全の確保等にも資することとなるよう留意すること。
4　学校の道徳教育の全体計画や道徳教育に関する諸活動などの情報を積極的に公表したり，道徳教育の充実のために家庭や地域の人々の積極

的な参加や協力を得たりするなど，家庭や地域社会との共通理解を深め，相互の連携を図ること。

第2節　社　会
第1　目　標
社会的な見方・考え方を働かせ，課題を追究したり解決したりする活動を通して，グローバル化する国際社会に主体的に生きる平和で民主的な国家及び社会の形成者に必要な公民としての資質・能力の基礎を次のとおり育成することを目指す。
(1) 地域や我が国の国土の地理的環境，現代社会の仕組みや働き，地域や我が国の歴史や伝統と文化を通して社会生活について理解するとともに，様々な資料や調査活動を通して情報を適切に調べまとめる技能を身に付けるようにする。
(2) 社会的事象の特色や相互の関連，意味を多角的に考えたり，社会に見られる課題を把握して，その解決に向けて社会への関わり方を選択・判断したりする力，考えたことや選択・判断したことを適切に表現する力を養う。
(3) 社会的事象について，よりよい社会を考え主体的に問題解決しようとする態度を養うとともに，多角的な思考や理解を通して，地域社会に対する誇りと愛情，地域社会の一員としての自覚，我が国の国土と歴史に対する愛情，我が国の将来を担う国民としての自覚，世界の国々の人々と共に生きていくことの大切さについての自覚などを養う。

第2　各学年の目標及び内容
〔第3学年〕
1　目　標
社会的事象の見方・考え方を働かせ，学習の問題を追究・解決する活動を通して，次のとおり資質・能力を育成することを目指す。
(1) 身近な地域や市区町村の地理的環境，地域の安全を守るための諸活動や地域の産業と消費生活の様子，地域の様子の移り変わりについて，人々の生活との関連を踏まえて理解するとともに，調査活動，地図帳や各種の具体的資料を通して，必要な情報を調べまとめる技能を身に付けるようにする。
(2) 社会的事象の特色や相互の関連，意味を考える力，社会に見られる課題を把握して，その解決に向けて社会への関わり方を選択・判断する力，考えたことや選択・判断したことを表現する力を養う。
(3) 社会的事象について，主体的に学習の問題を解決しようとする態度や，よりよい社会を考え学習したことを社会生活に生かそうとする態度を養うとともに，思考や理解を通して，地域社会に対する誇りと愛情，地域社会の一員としての自覚を養う。

2　内　容
(1) 身近な地域や市区町村（以下第2章第2節において「市」という。）の様子について，学習の問題を追究・解決する活動を通して，次の事項を身に付けることができるよう指導する。
　ア　次のような知識及び技能を身に付けること。
　　(ア) 身近な地域や自分たちの市の様子を大まかに理解すること。
　　(イ) 観察・調査したり地図などの資料で調べたりして，白地図などにまとめること。
　イ　次のような思考力，判断力，表現力等を身に付けること。
　　(ア) 都道府県内における市の位置，市の地形や土地利用，交通の広がり，市役所など主な公共施設の場所と働き，古くから残る建造物の分布などに着目して，身近な地域や市の様子を捉え，場所による違いを考え，表現すること。
(2) 地域に見られる生産や販売の仕事について，学習の問題を追究・解決する活動を通して，次の事項を身に付けることができるよう指導する。
　ア　次のような知識及び技能を身に付けること。
　　(ア) 生産の仕事は，地域の人々の生活と密接な関わりをもって行われていることを理解すること。
　　(イ) 販売の仕事は，消費者の多様な願いを踏まえ売り上げを高めるよう，工夫して行われていることを理解すること。
　　(ウ) 見学・調査したり地図などの資料で調べたりして，白地図などにまとめること。
　イ　次のような思考力，判断力，表現力等を身に付けること。
　　(ア) 仕事の種類や産地の分布，仕事の工程などに着目して，生産に携わっている人々の仕事の様子を捉え，地域の人々の生活との関連を考え，表現すること。

(イ)　消費者の願い，販売の仕方，他地域や外国との関わりなどに着目して，販売に携わっている人々の仕事の様子を捉え，それらの仕事に見られる工夫を考え，表現すること。
　(3)　地域の安全を守る働きについて，学習の問題を追究・解決する活動を通して，次の事項を身に付けることができるよう指導する。
　　ア　次のような知識及び技能を身に付けること。
　　　(ア)　消防署や警察署などの関係機関は，地域の安全を守るために，相互に連携して緊急時に対処する体制をとっていることや，関係機関が地域の人々と協力して火災や事故などの防止に努めていることを理解すること。
　　　(イ)　見学・調査したり地図などの資料で調べたりして，まとめること。
　　イ　次のような思考力，判断力，表現力等を身に付けること。
　　　(ア)　施設・設備などの配置，緊急時への備えや対応などに着目して，関係機関や地域の人々の諸活動を捉え，相互の関連や従事する人々の働きを考え，表現すること。
　(4)　市の様子の移り変わりについて，学習の問題を追究・解決する活動を通して，次の事項を身に付けることができるよう指導する。
　　ア　次のような知識及び技能を身に付けること。
　　　(ア)　市や人々の生活の様子は，時間の経過に伴い，移り変わってきたことを理解すること。
　　　(イ)　聞き取り調査をしたり地図などの資料で調べたりして，年表などにまとめること。
　　イ　次のような思考力，判断力，表現力等を身に付けること。
　　　(ア)　交通や公共施設，土地利用や人口，生活の道具などの時期による違いに着目して，市や人々の生活の様子を捉え，それらの変化を考え，表現すること。
　3　内容の取扱い
　(1)　内容の(1)については，次のとおり取り扱うものとする。
　　ア　学年の導入で扱うこととし，アの(ア)については，「自分たちの市」に重点を置くよう配慮すること。
　　イ　アの(イ)については，「白地図などにまとめる」際に，教科用図書「地図」（以下第2章第2節において「地図帳」という。）を参照し，方位や主な地図記号について扱うこと。
　(2)　内容の(2)については，次のとおり取り扱うものとする。
　　ア　アの(ア)及びイの(ア)については，事例として農家，工場などの中から選択して取り上げるようにすること。
　　イ　アの(イ)及びイの(イ)については，商店を取り上げ，「他地域や外国との関わり」を扱う際には，地図帳などを使用して都道府県や国の名称と位置などを調べるようにすること。
　　ウ　イの(イ)については，我が国や外国には国旗があることを理解し，それを尊重する態度を養うよう配慮すること。
　(3)　内容の(3)については，次のとおり取り扱うものとする。
　　ア　アの(ア)の「緊急時に対処する体制をとっていること」と「防止に努めていること」については，火災と事故はいずれも取り上げること。その際，どちらかに重点を置くなど効果的な指導を工夫すること。
　　イ　イの(ア)については，社会生活を営む上で大切な法やきまりについて扱うとともに，地域や自分自身の安全を守るために自分たちにできることなどを考えたり選択・判断したりできるよう配慮すること。
　(4)　内容の(4)については，次のとおり取り扱うものとする。
　　ア　アの(イ)の「年表などにまとめる」際には，時期の区分について，昭和，平成など元号を用いた言い表し方などがあることを取り上げること。
　　イ　イの(ア)の「公共施設」については，市が公共施設の整備を進めてきたことを取り上げること。その際，租税の役割に触れること。
　　ウ　イの(ア)の「人口」を取り上げる際には，少子高齢化，国際化などに触れ，これからの市の発展について考えることができるよう配慮すること。

〔第4学年〕
　1　目　標
　　社会的事象の見方・考え方を働かせ，学習の問題を追究・解決する活動を通して，次のとおり資質・能力を育成することを目指す。

(1) 自分たちの都道府県の地理的環境の特色，地域の人々の健康と生活環境を支える働きや自然災害から地域の安全を守るための諸活動，地域の伝統と文化や地域の発展に尽くした先人の働きなどについて，人々の生活との関連を踏まえて理解するとともに，調査活動，地図帳や各種の具体的資料を通して，必要な情報を調べまとめる技能を身に付けるようにする。
(2) 社会的事象の特色や相互の関連，意味を考える力，社会に見られる課題を把握して，その解決に向けて社会への関わり方を選択・判断する力，考えたことや選択・判断したことを表現する力を養う。
(3) 社会的事象について，主体的に学習の問題を解決しようとする態度や，よりよい社会を考え学習したことを社会生活に生かそうとする態度を養うとともに，思考や理解を通して，地域社会に対する誇りと愛情，地域社会の一員としての自覚を養う。

2　内　容
(1) 都道府県（以下第2章第2節において「県」という。）の様子について，学習の問題を追究・解決する活動を通して，次の事項を身に付けることができるよう指導する。
　ア　次のような知識及び技能を身に付けること。
　　(ア)　自分たちの県の地理的環境の概要を理解すること。また，47都道府県の名称と位置を理解すること。
　　(イ)　地図帳や各種の資料で調べ，白地図などにまとめること。
　イ　次のような思考力，判断力，表現力等を身に付けること。
　　(ア)　我が国における自分たちの県の位置，県全体の地形や主な産業の分布，交通網や主な都市の位置などに着目して，県の様子を捉え，地理的環境の特色を考え，表現すること。
(2) 人々の健康や生活環境を支える事業について，学習の問題を追究・解決する活動を通して，次の事項を身に付けることができるよう指導する。
　ア　次のような知識及び技能を身に付けること。
　　(ア)　飲料水，電気，ガスを供給する事業は，安全で安定的に供給できるよう進められていることや，地域の人々の健康な生活の維持と向上に役立っていることを理解すること。
　　(イ)　廃棄物を処理する事業は，衛生的な処理や資源の有効利用ができるよう進められていることや，生活環境の維持と向上に役立っていることを理解すること。
　　(ウ)　見学・調査したり地図などの資料で調べたりして，まとめること。
　イ　次のような思考力，判断力，表現力等を身に付けること。
　　(ア)　供給の仕組みや経路，県内外の人々の協力などに着目して，飲料水，電気，ガスの供給のための事業の様子を捉え，それらの事業が果たす役割を考え，表現すること。
　　(イ)　処理の仕組みや再利用，県内外の人々の協力などに着目して，廃棄物の処理のための事業の様子を捉え，その事業が果たす役割を考え，表現すること。
(3) 自然災害から人々を守る活動について，学習の問題を追究・解決する活動を通して，次の事項を身に付けることができるよう指導する。
　ア　次のような知識及び技能を身に付けること。
　　(ア)　地域の関係機関や人々は，自然災害に対し，様々な協力をして対処してきたことや，今後想定される災害に対し，様々な備えをしていることを理解すること。
　　(イ)　聞き取り調査をしたり地図や年表などの資料で調べたりして，まとめること。
　イ　次のような思考力，判断力，表現力等を身に付けること。
　　(ア)　過去に発生した地域の自然災害，関係機関の協力などに着目して，災害から人々を守る活動を捉え，その働きを考え，表現すること。
(4) 県内の伝統や文化，先人の働きについて，学習の問題を追究・解決する活動を通して，次の事項を身に付けることができるよう指導する。
　ア　次のような知識及び技能を身に付けること。
　　(ア)　県内の文化財や年中行事は，地域の人々が受け継いできたことや，それらには地域の発展など人々の様々な願いが込められていることを理解すること。
　　(イ)　地域の発展に尽くした先人は，様々な苦心や努力により当時の生活の向上に貢献したことを理解すること。
　　(ウ)　見学・調査したり地図などの資料で調べたりして，年表などにまとめること。
　イ　次のような思考力，判断力，表現力等を身に

に付けること。
　（ア）歴史的背景や現在に至る経過，保存や継承のための取組などに着目して，県内の文化財や年中行事の様子を捉え，人々の願いや努力を考え，表現すること。
　（イ）当時の世の中の課題や人々の願いなどに着目して，地域の発展に尽くした先人の具体的事例を捉え，先人の働きを考え，表現すること。
(5) 県内の特色ある地域の様子について，学習の問題を追究・解決する活動を通して，次の事項を身に付けることができるよう指導する。
　ア　次のような知識及び技能を身に付けること。
　　（ア）県内の特色ある地域では，人々が協力し，特色あるまちづくりや観光などの産業の発展に努めていることを理解すること。
　　（イ）地図帳や各種の資料で調べ，白地図などにまとめること。
　イ　次のような思考力，判断力，表現力等を身に付けること。
　　（ア）特色ある地域の位置や自然環境，人々の活動や産業の歴史的背景，人々の協力関係などに着目して，地域の様子を捉え，それらの特色を考え，表現すること。
3　内容の取扱い
(1) 内容の(2)については，次のとおり取り扱うものとする。
　ア　ア の（ア）及びイの（イ）については，現在に至るまでに仕組みが計画的に改善され公衆衛生が向上してきたことに触れること。
　イ　アの（ア）及びイの（ア）については，飲料水，電気，ガスの中から選択して取り上げること。
　ウ　アの（イ）及びイの（イ）については，ごみ，下水のいずれかを選択して取り上げること。
　エ　イの（ア）については，節水や節電など自分たちにできることを考えたり選択・判断したりできるよう配慮すること。
　オ　イの（イ）については，社会生活を営む上で大切な法やきまりについて扱うとともに，ごみの減量や水を汚さない工夫など，自分たちにできることを考えたり選択・判断したりできるよう配慮すること。
(2) 内容の(3)については，次のとおり取り扱うものとする。
　ア　アの（ア）については，地震災害，津波災害，風水害，火山災害，雪害などの中から，過去に県内で発生したものを選択して取り上げること。
　イ　アの（ア）及びイの（ア）の「関係機関」については，県庁や市役所の働きなどを中心に取り上げ，防災情報の発信，避難体制の確保などの働き，自衛隊など国の機関との関わりを取り上げること。
　ウ　イの（ア）については，地域で起こり得る災害を想定し，日頃から必要な備えをするなど，自分たちにできることなどを考えたり選択・判断したりできるよう配慮すること。
(3) 内容の(4)については，次のとおり取り扱うものとする。
　ア　アの（ア）については，県内の主な文化財や年中行事が大まかに分かるようにするとともに，イの（ア）については，それらの中から具体的事例を取り上げること。
　イ　アの（イ）及びイの（イ）については，開発，教育，医療，文化，産業などの地域の発展に尽くした先人の中から選択して取り上げること。
　ウ　イの（ア）については，地域の伝統や文化の保存や継承に関わって，自分たちにできることなどを考えたり選択・判断したりできるよう配慮すること。
(4) 内容の(5)については，次のとおり取り扱うものとする。
　ア　県内の特色ある地域が大まかに分かるようにするとともに，伝統的な技術を生かした地場産業が盛んな地域，国際交流に取り組んでいる地域及び地域の資源を保護・活用している地域を取り上げること。その際，地域の資源を保護・活用している地域については，自然環境，伝統的な文化のいずれかを選択して取り上げること。
　イ　国際交流に取り組んでいる地域を取り上げる際には，我が国や外国には国旗があることを理解し，それを尊重する態度を養うよう配慮すること。

〔第5学年〕
1　目　標
　社会的事象の見方・考え方を働かせ，学習の問

題を追究・解決する活動を通して，次のとおり資質・能力を育成することを目指す。
(1) 我が国の国土の地理的環境の特色や産業の現状，社会の情報化と産業の関わりについて，国民生活との関連を踏まえて理解するとともに，地図帳や地球儀，統計などの各種の基礎的資料を通して，情報を適切に調べまとめる技能を身に付けるようにする。
(2) 社会的事象の特色や相互の関連，意味を多角的に考える力，社会に見られる課題を把握して，その解決に向けて社会への関わり方を選択・判断する力，考えたことや選択・判断したことを説明したり，それらを基に議論したりする力を養う。
(3) 社会的事象について，主体的に学習の問題を解決しようとする態度や，よりよい社会を考え学習したことを社会生活に生かそうとする態度を養うとともに，多角的な思考や理解を通して，我が国の国土に対する愛情，我が国の産業の発展を願い我が国の将来を担う国民としての自覚を養う。

2　内　容
(1) 我が国の国土の様子と国民生活について，学習の問題を追究・解決する活動を通して，次の事項を身に付けることができるよう指導する。
　ア　次のような知識及び技能を身に付けること。
　　(ア) 世界における我が国の国土の位置，国土の構成，領土の範囲などを大まかに理解すること。
　　(イ) 我が国の国土の地形や気候の概要を理解するとともに，人々は自然環境に適応して生活していることを理解すること。
　　(ウ) 地図帳や地球儀，各種の資料で調べ，まとめること。
　イ　次のような思考力，判断力，表現力等を身に付けること。
　　(ア) 世界の大陸と主な海洋，主な国の位置，海洋に囲まれ多数の島からなる国土の構成などに着目して，我が国の国土の様子を捉え，その特色を考え，表現すること。
　　(イ) 地形や気候などに着目して，国土の自然などの様子や自然条件から見て特色ある地域の人々の生活を捉え，国土の自然環境の特色やそれらと国民生活との関連を考え，表現すること。

(2) 我が国の農業や水産業における食料生産について，学習の問題を追究・解決する活動を通して，次の事項を身に付けることができるよう指導する。
　ア　次のような知識及び技能を身に付けること。
　　(ア) 我が国の食料生産は，自然条件を生かして営まれていることや，国民の食料を確保する重要な役割を果たしていることを理解すること。
　　(イ) 食料生産に関わる人々は，生産性や品質を高めるよう努力したり輸送方法や販売方法を工夫したりして，良質な食料を消費地に届けるなど，食料生産を支えていることを理解すること。
　　(ウ) 地図帳や地球儀，各種の資料で調べ，まとめること。
　イ　次のような思考力，判断力，表現力等を身に付けること。
　　(ア) 生産物の種類や分布，生産量の変化，輸入など外国との関わりなどに着目して，食料生産の概要を捉え，食料生産が国民生活に果たす役割を考え，表現すること。
　　(イ) 生産の工程，人々の協力関係，技術の向上，輸送，価格や費用などに着目して，食料生産に関わる人々の工夫や努力を捉え，その働きを考え，表現すること。

(3) 我が国の工業生産について，学習の問題を追究・解決する活動を通して，次の事項を身に付けることができるよう指導する。
　ア　次のような知識及び技能を身に付けること。
　　(ア) 我が国では様々な工業生産が行われていることや，国土には工業の盛んな地域が広がっていること及び工業製品は国民生活の向上に重要な役割を果たしていることを理解すること。
　　(イ) 工業生産に関わる人々は，消費者の需要や社会の変化に対応し，優れた製品を生産するよう様々な工夫や努力をして，工業生産を支えていることを理解すること。
　　(ウ) 貿易や運輸は，原材料の確保や製品の販売などにおいて，工業生産を支える重要な役割を果たしていることを理解すること。
　　(エ) 地図帳や地球儀，各種の資料で調べ，まとめること。
　イ　次のような思考力，判断力，表現力等を身

に付けること。
　（ア）　工業の種類，工業の盛んな地域の分布，工業製品の改良などに着目して，工業生産の概要を捉え，工業生産が国民生活に果たす役割を考え，表現すること。
　（イ）　製造の工程，工場相互の協力関係，優れた技術などに着目して，工業生産に関わる人々の工夫や努力を捉え，その働きを考え，表現すること。
　（ウ）　交通網の広がり，外国との関わりなどに着目して，貿易や運輸の様子を捉え，それらの役割を考え，表現すること。
(4) 我が国の産業と情報との関わりについて，学習の問題を追究・解決する活動を通して，次の事項を身に付けることができるよう指導する。
　ア　次のような知識及び技能を身に付けること。
　　（ア）　放送，新聞などの産業は，国民生活に大きな影響を及ぼしていることを理解すること。
　　（イ）　大量の情報や情報通信技術の活用は，様々な産業を発展させ，国民生活を向上させていることを理解すること。
　　（ウ）　聞き取り調査をしたり映像や新聞などの各種資料で調べたりして，まとめること。
　イ　次のような思考力，判断力，表現力等を身に付けること。
　　（ア）　情報を集め発信するまでの工夫や努力などに着目して，放送，新聞などの産業の様子を捉え，それらの産業が国民生活に果たす役割を考え，表現すること。
　　（イ）　情報の種類，情報の活用の仕方などに着目して，産業における情報活用の現状を捉え，情報を生かして発展する産業が国民生活に果たす役割を考え，表現すること。
(5) 我が国の国土の自然環境と国民生活との関連について，学習の問題を追究・解決する活動を通して，次の事項を身に付けることができるよう指導する。
　ア　次のような知識及び技能を身に付けること。
　　（ア）　自然災害は国土の自然条件などと関連して発生していることや，自然災害から国土を保全し国民生活を守るために国や県などが様々な対策や事業を進めていることを理解すること。
　　（イ）　森林は，その育成や保護に従事している人々の様々な工夫と努力により国土の保全など重要な役割を果たしていることを理解すること。
　　（ウ）　関係機関や地域の人々の様々な努力により公害の防止や生活環境の改善が図られてきたことを理解するとともに，公害から国土の環境や国民の健康な生活を守ることの大切さを理解すること。
　　（エ）　地図帳や各種の資料で調べ，まとめること。
　イ　次のような思考力，判断力，表現力等を身に付けること。
　　（ア）　災害の種類や発生の位置や時期，防災対策などに着目して，国土の自然災害の状況を捉え，自然条件との関連を考え，表現すること。
　　（イ）　森林資源の分布や働きなどに着目して，国土の環境を捉え，森林資源が果たす役割を考え，表現すること。
　　（ウ）　公害の発生時期や経過，人々の協力や努力などに着目して，公害防止の取組を捉え，その働きを考え，表現すること。
3　内容の取扱い (1) 内容の(1)については，次のとおり取り扱うものとする。
　ア　アの（ア）の「領土の範囲」については，竹島や北方領土，尖閣諸島が我が国の固有の領土であることに触れること。
　イ　アの（ウ）については，地図帳や地球儀を用いて，方位，緯度や経度などによる位置の表し方について取り扱うこと。
　ウ　イの（ア）の「主な国」については，名称についても扱うようにし，近隣の諸国を含めて取り上げること。その際，我が国や諸外国には国旗があることを理解し，それを尊重する態度を養うよう配慮すること。
　エ　イの（イ）の「自然条件から見て特色ある地域」については，地形条件や気候条件から見て特色ある地域を取り上げること。
(2) 内容の(2)については，次のとおり取り扱うものとする。
　ア　アの（イ）及びイの（イ）については，食料生産の盛んな地域の具体的事例を通して調べることとし，稲作のほか，野菜，果物，畜産物，水産物などの中から一つを取り上げること。

イ イの(ア)及び(イ)については，消費者や生産者の立場などから多角的に考えて，これからの農業などの発展について，自分の考えをまとめることができるよう配慮すること。
(3) 内容の(3)については，次のとおり取り扱うものとする。
　ア アの(イ)及びイの(イ)については，工業の盛んな地域の具体的事例を通して調べることとし，金属工業，機械工業，化学工業，食料品工業などの中から一つを取り上げること。
　イ イの(ア)及び(イ)については，消費者や生産者の立場などから多角的に考えて，これからの工業の発展について，自分の考えをまとめることができるよう配慮すること。
(4) 内容の(4)については，次のとおり取り扱うものとする。
　ア アの(ア)の「放送，新聞などの産業」については，それらの中から選択して取り上げること。その際，情報を有効に活用することについて，情報の送り手と受け手の立場から多角的に考え，受け手として正しく判断することや送り手として責任をもつことが大切であることに気付くようにすること。
　イ アの(イ)及びイの(イ)については，情報や情報技術を活用して発展している販売，運輸，観光，医療，福祉などに関わる産業の中から選択して取り上げること。その際，産業と国民の立場から多角的に考えて，情報化の進展に伴う産業の発展や国民生活の向上について，自分の考えをまとめることができるよう配慮すること。
(5) 内容の(5)については，次のとおり取り扱うものとする。
　ア アの(ア)については，地震災害，津波災害，風水害，火山災害，雪害などを取り上げること。
　イ アの(ウ)及びイの(ウ)については，大気の汚染，水質の汚濁などの中から具体的事例を選択して取り上げること。
　ウ イの(イ)及び(ウ)については，国土の環境保全について，自分たちにできることなどを考えたり選択・判断したりできるよう配慮すること。

〔第6学年〕

1 目　標
　社会的事象の見方・考え方を働かせ，学習の問題を追究・解決する活動を通して，次のとおり資質・能力を育成することを目指す。
(1) 我が国の政治の考え方と仕組みや働き，国家及び社会の発展に大きな働きをした先人の業績や優れた文化遺産，我が国と関係の深い国の生活やグローバル化する国際社会における我が国の役割について理解するとともに，地図帳や地球儀，統計や年表などの各種の基礎的資料を通して，情報を適切に調べまとめる技能を身に付けるようにする。
(2) 社会的事象の特色や相互の関連，意味を多角的に考える力，社会に見られる課題を把握して，その解決に向けて社会への関わり方を選択・判断する力，考えたことや選択・判断したことを説明したり，それらを基に議論したりする力を養う。
(3) 社会的事象について，主体的に学習の問題を解決しようとする態度や，よりよい社会を考え学習したことを社会生活に生かそうとする態度を養うとともに，多角的な思考や理解を通して，我が国の歴史や伝統を大切にして国を愛する心情，我が国の将来を担う国民としての自覚や平和を願う日本人として世界の国々の人々と共に生きることの大切さについての自覚を養う。
2 内　容
(1) 我が国の政治の働きについて，学習の問題を追究・解決する活動を通して，次の事項を身に付けることができるよう指導する。
　ア 次のような知識及び技能を身に付けること。
　　(ア) 日本国憲法は国家の理想，天皇の地位，国民としての権利及び義務など国家や国民生活の基本を定めていることや，現在の我が国の民主政治は日本国憲法の基本的な考え方に基づいていることを理解するとともに，立法，行政，司法の三権がそれぞれの役割を果たしていることを理解すること。
　　(イ) 国や地方公共団体の政治は，国民主権の考え方の下，国民生活の安定と向上を図る大切な働きをしていることを理解すること。
　　(ウ) 見学・調査したり各種の資料で調べたりして，まとめること。
　イ 次のような思考力，判断力，表現力等を身に付けること。

（ア）　日本国憲法の基本的な考え方に着目して，我が国の民主政治を捉え，日本国憲法が国民生活に果たす役割や，国会，内閣，裁判所と国民との関わりを考え，表現すること。
　（イ）　政策の内容や計画から実施までの過程，法令や予算との関わりなどに着目して，国や地方公共団体の政治の取組を捉え，国民生活における政治の働きを考え，表現すること。
(2)　我が国の歴史上の主な事象について，学習の問題を追究・解決する活動を通して，次の事項を身に付けることができるよう指導する。
　ア　次のような知識及び技能を身に付けること。その際，我が国の歴史上の主な事象を手掛かりに，大まかな歴史を理解するとともに，関連する先人の業績，優れた文化遺産を理解すること。
　（ア）　狩猟・採集や農耕の生活，古墳，大和朝廷（大和政権）による統一の様子を手掛かりに，むらからくにへと変化したことを理解すること。その際，神話・伝承を手掛かりに，国の形成に関する考え方などに関心をもつこと。
　（イ）　大陸文化の摂取，大化の改新，大仏造営の様子を手掛かりに，天皇を中心とした政治が確立されたことを理解すること。
　（ウ）　貴族の生活や文化を手掛かりに，日本風の文化が生まれたことを理解すること。
　（エ）　源平の戦い，鎌倉幕府の始まり，元との戦いを手掛かりに，武士による政治が始まったことを理解すること。
　（オ）　京都の室町に幕府が置かれた頃の代表的な建造物や絵画を手掛かりに，今日の生活文化につながる室町文化が生まれたことを理解すること。
　（カ）　キリスト教の伝来，織田おだ・豊臣とよとみの天下統一を手掛かりに，戦国の世が統一されたことを理解すること。
　（キ）　江戸幕府の始まり，参勤交代や鎖国などの幕府の政策，身分制を手掛かりに，武士による政治が安定したことを理解すること。
　（ク）　歌舞伎や浮世絵，国学や蘭学らんがくを手掛かりに，町人の文化が栄え新しい学問がおこったことを理解すること。
　（ケ）　黒船の来航，廃藩置県や四民平等などの改革，文明開化などを手掛かりに，我が国が明治維新を機に欧米の文化を取り入れつつ近代化を進めたことを理解すること。
　（コ）　大日本帝国憲法の発布，日清にっしん・日露の戦争，条約改正，科学の発展などを手掛かりに，我が国の国力が充実し国際的地位が向上したことを理解すること。
　（サ）　日中戦争や我が国に関わる第二次世界大戦，日本国憲法の制定，オリンピック・パラリンピックの開催などを手掛かりに，戦後我が国は民主的な国家として出発し，国民生活が向上し，国際社会の中で重要な役割を果たしてきたことを理解すること。
　（シ）　遺跡や文化財，地図や年表などの資料で調べ，まとめること。
　イ　次のような思考力，判断力，表現力等を身に付けること。
　（ア）　世の中の様子，人物の働きや代表的な文化遺産などに着目して，我が国の歴史上の主な事象を捉え，我が国の歴史の展開を考えるとともに，歴史を学ぶ意味を考え，表現すること。
(3)　グローバル化する世界と日本の役割について，学習の問題を追究・解決する活動を通して，次の事項を身に付けることができるよう指導する。
　ア　次のような知識及び技能を身に付けること。
　（ア）　我が国と経済や文化などの面でつながりが深い国の人々の生活は，多様であることを理解するとともに，スポーツや文化などを通して他国と交流し，異なる文化や習慣を尊重し合うことが大切であることを理解すること。
　（イ）　我が国は，平和な世界の実現のために国際連合の一員として重要な役割を果たしたり，諸外国の発展のために援助や協力を行ったりしていることを理解すること。
　（ウ）　地図帳や地球儀，各種の資料で調べ，まとめること。
　イ　次のような思考力，判断力，表現力等を身に付けること。
　（ア）　外国の人々の生活の様子などに着目して，日本の文化や習慣との違いを捉え，国際交流の果たす役割を考え，表現すること。
　（イ）　地球規模で発生している課題の解決に向けた連携・協力などに着目して，国際連合の働きや我が国の国際協力の様子を捉え，国

際社会において我が国が果たしている役割を考え，表現すること。
3 内容の取扱い
(1) 内容の(1)については，次のとおり取り扱うものとする。
　ア　アの（ア）については，国会などの議会政治や選挙の意味，国会と内閣と裁判所の三権相互の関連，裁判員制度や租税の役割などについて扱うこと。その際，イの（ア）に関わって，国民としての政治への関わり方について多角的に考えて，自分の考えをまとめることができるよう配慮すること。
　イ　アの（ア）の「天皇の地位」については，日本国憲法に定める天皇の国事に関する行為など児童に理解しやすい事項を取り上げ，歴史に関する学習との関連も図りながら，天皇についての理解と敬愛の念を深めるようにすること。また，「国民としての権利及び義務」については，参政権，納税の義務などを取り上げること。
　ウ　アの（イ）の「国や地方公共団体の政治」については，社会保障，自然災害からの復旧や復興，地域の開発や活性化などの取組の中から選択して取り上げること。
　エ　イの（ア）の「国会」について，国民との関わりを指導する際には，各々の国民の祝日に関心をもち，我が国の社会や文化における意義を考えることができるよう配慮すること。
(2) 内容の(2)については，次のとおり取り扱うものとする。
　ア　アの（ア）から（サ）までについては，児童の興味・関心を重視し，取り上げる人物や文化遺産の重点の置き方に工夫を加えるなど，精選して具体的に理解できるようにすること。その際，アの（サ）の指導に当たっては，児童の発達の段階を考慮すること。
　イ　アの（ア）から（サ）までについては，例えば，国宝，重要文化財に指定されているものや，世界文化遺産に登録されているものなどを取り上げ，我が国の代表的な文化遺産を通して学習できるように配慮すること。
　ウ　アの（ア）から（コ）までについては，例えば，次に掲げる人物を取り上げ，人物の働きを通して学習できるよう指導すること。

卑弥呼，聖徳太子，小野妹子，中大兄皇子，
中臣鎌足，聖武天皇，行基，鑑真，
藤原道長，紫式部，清少納言，平清盛，
源頼朝，源義経，北条時宗，足利義満，
足利義政，雪舟，ザビエル，織田信長，
豊臣秀吉，徳川家康，徳川家光，近松門左衛門，
歌川広重，本居宣長，杉田玄白，伊能忠敬，
ペリー，勝海舟，西郷隆盛，大久保利通，
木戸孝允，明治天皇，福沢諭吉，大隈重信，
板垣退助，伊藤博文，陸奥宗光，東郷平八郎，
小村寿太郎，野口英世

　エ　アの（ア）の「神話・伝承」については，古事記，日本書紀，風土記などの中から適切なものを取り上げること。
　オ　アの（イ）から（サ）までについては，当時の世界との関わりにも目を向け，我が国の歴史を広い視野から捉えられるよう配慮すること。
　カ　アの（シ）については，年表や絵画など資料の特性に留意した読み取り方についても指導すること。
　キ　イの（ア）については，歴史学習全体を通して，我が国は長い歴史をもち伝統や文化を育んできたこと，我が国の歴史は政治の中心地や世の中の様子などによって幾つかの時期に分けられることに気付くようにするとともに，現在の自分たちの生活と過去の出来事との関わりを考えたり，過去の出来事を基に現在及び将来の発展を考えたりするなど，歴史を学ぶ意味を考えるようにすること。
(3) 内容の(3)については，次のとおり取り扱うものとする。
　ア　アについては，我が国の国旗と国歌の意義を理解し，これを尊重する態度を養うとともに，諸外国の国旗と国歌も同様に尊重する態度を養うよう配慮すること。
　イ　アの（ア）については，我が国とつながりが深い国から数か国を取り上げること。その際，児童が1か国を選択して調べるよう配慮すること。
　ウ　アの（ア）については，我が国や諸外国の

伝統や文化を尊重しようとする態度を養うよう配慮すること。
　　エ　イについては，世界の人々と共に生きていくために大切なことや，今後，我が国が国際社会において果たすべき役割などを多角的に考えたり選択・判断したりできるよう配慮すること。
　　オ　イの(イ)については，網羅的，抽象的な扱いを避けるため，「国際連合の働き」については，ユニセフやユネスコの身近な活動を取り上げること。また，「我が国の国際協力の様子」については，教育，医療，農業などの分野で世界に貢献している事例の中から選択して取り上げること。

第3　指導計画の作成と内容の取扱い
1　指導計画の作成に当たっては，次の事項に配慮するものとする。
(1)　単元など内容や時間のまとまりを見通して，その中で育む資質・能力の育成に向けて，児童の主体的・対話的で深い学びの実現を図るようにすること。その際，問題解決への見通しをもつこと，社会的事象の見方・考え方を働かせ，事象の特色や意味などを考え概念などに関する知識を獲得すること，学習の過程や成果を振り返り学んだことを活用することなど，学習の問題を追究・解決する活動の充実を図ること。
(2)　各学年の目標や内容を踏まえて，事例の取り上げ方を工夫して，内容の配列や授業時数の配分などに留意して効果的な年間指導計画を作成すること。
(3)　我が国の47都道府県の名称と位置，世界の大陸と主な海洋の名称と位置については，学習内容と関連付けながら，その都度，地図帳や地球儀などを使って確認するなどして，小学校卒業までに身に付け活用できるように工夫して指導すること。
(4)　障害のある児童などについては，学習活動を行う場合に生じる困難さに応じた指導内容や指導方法の工夫を計画的，組織的に行うこと。
(5)　第1章総則の第1の2の(2)に示す道徳教育の目標に基づき，道徳科などとの関連を考慮しながら，第3章特別の教科道徳の第2に示す内容について，社会科の特質に応じて適切な指導をすること。

2　第2の内容の取扱いについては，次の事項に配慮するものとする。
(1)　各学校においては，地域の実態を生かし，児童が興味・関心をもって学習に取り組めるようにするとともに，観察や見学，聞き取りなどの調査活動を含む具体的な体験を伴う学習やそれに基づく表現活動の一層の充実を図ること。また，社会的事象の特色や意味，社会に見られる課題などについて，多角的に考えたことや選択・判断したことを論理的に説明したり，立場や根拠を明確にして議論したりするなど言語活動に関わる学習を一層重視すること。
(2)　学校図書館や公共図書館，コンピュータなどを活用して，情報の収集やまとめなどを行うようにすること。また，全ての学年において，地図帳を活用すること。
(3)　博物館や資料館などの施設の活用を図るとともに，身近な地域及び国土の遺跡や文化財などについての調査活動を取り入れるようにすること。また，内容に関わる専門家や関係者，関係の諸機関との連携を図るようにすること。
(4)　児童の発達の段階を考慮し，社会的事象については，児童の考えが深まるよう様々な見解を提示するよう配慮し，多様な見解のある事柄，未確定な事柄を取り上げる場合には，有益適切な教材に基づいて指導するとともに，特定の事柄を強調し過ぎたり，一面的な見解を十分な配慮なく取り上げたりするなどの偏った取扱いにより，児童が多角的に考えたり，事実を客観的に捉え，公正に判断したりすることを妨げることのないよう留意すること。

索　引

■あ行■

ICT　82, 85, 86
アクティブ・ラーニング　7, 82
暗記主義の社会科　3
ESD　126
意思決定　71
一斉画一的指導　74, 75
一斉学習　74, 75
異文化理解　14, 28
囚人のジレンマ　62, 63
インターネット　59, 79, 81, 82
飲料水・電気・ガスを供給する事業　56
エキスパート活動　76, 77
オープンエンドの社会科　68
音声・映像的表現活動　81

■か行■

学社融合　123
学社連携　123
学習課題　67, 68
学習活動　77, 78, 79, 81, 93, 97
学習過程　65, 66, 68, 72, 73, 75, 97
学習計画　70, 71
学習形態　73, 75
学習指導案　95, 96, 97, 99, 111
学習指導過程　65, 88, 90
学習指導計画　88, 89, 98, 110, 114, 119
学習指導論　66, 68
学習評価　87, 94
学習問題　67, 68, 69, 70, 71, 79, 114
学問中心カリキュラム　12, 67
学問の系統　1, 3, 4
課題解決学習　67
課題解決的学習　67
価値判断　49, 50
カリキュラム原理　12, 13, 15
カリフォルニアプラン　13
カルタづくり　81
観察・調査活動　78, 101
間接観察・調査活動　78, 79

完全習得学習　88
観点別学習状況評価　90, 91
『教育の過程』　4, 67
教育の現代化　4, 67
教育の人間化　5
教科横断的　29, 30, 124, 126
教科用図書「地図」（地図帳）　22, 36, 38, 51
教材研究　96, 101
教授段階論　66
郷土愛　24, 117, 118, 119, 120, 121, 122
郷土学習　24, 28, 30
協同的な学習　76
郷土資料館　110
郷土の伝統・文化　119, 120
興味・関心　69, 88, 109
串団子方式　47
グループ学習　74, 75, 76
グローバル化　22, 28, 60, 124
経験主義　2, 3, 12, 13, 66
形式地域　20, 21, 28
形成的評価　88, 89
系統学習　66
系統主義　3, 9, 12, 13, 45, 66
ゲストティーチャー　59, 61, 93, 97, 98, 99, 120
結節地域　20, 21
見学活動　79, 97
見学・調査学習　58
元号　43
コアカリキュラム　2
高校社会科の解体　5
公民　10
公民科　5
公民的資質　4, 5, 6, 7, 9, 10, 53, 60, 121
公民としての資質・能力　7, 9, 10, 42, 53, 74, 100, 124
高齢化　122
国際化　5, 13, 14, 19, 21, 28, 42, 122
ごっこ学習　2
コミュニティづくり　125

■さ行■

作業　77, 78
作業的・体験的学習（活動）　5, 78, 97
時間意識　41
シークエンス　12, 13
ジグソー学習　76, 77
ジグソー活動　76, 77
「思考・判断・表現」の評価　90, 113
自己評価　89
自然環境　32, 33, 34, 35
持続可能な社会　28
実質地域　20, 28
実物投影機（書画カメラ・OHC）　83
指導上の留意点　97
指導と評価の一体化　89, 93, 94
児童の実態　88, 95, 96, 97, 112
社会科模擬授業　73
社会機能法　12
社会参画　6, 43, 44, 68, 109
社会諸科学　11
社会的意味　70
社会的見方・考え方　4, 7, 9, 11, 17, 23
社会についての正しい認識（社会認識）　8, 121
社会に開かれた教育課程　122, 123, 124, 125
終末　68, 71, 75, 97
主題図　38, 39
主体的・対話的で深い学び　7, 76, 100
「主体的に学習に取り組む態度」の評価　91, 113
小学校学習指導要領
　　——（昭和22年）　1, 13, 17
　　——補説（昭和23年）　13
　　——（昭和26年）　2, 3
　　——（昭和30年）　3, 13
　　——（昭和33年）　3, 45
　　——（昭和43年）　4, 7, 10, 21
　　——（昭和52年）　5, 14, 21, 24
　　——（平成元年）　5, 6, 13, 14, 21, 22, 28, 46
　　——（平成10年）　6, 7, 22, 26
　　——（平成20年）　6, 7, 14, 22, 26, 47, 53, 117
　　——（平成29年）　6, 7, 9, 10, 14, 15, 17, 18, 22, 27, 29, 30, 38, 42, 43, 46, 47, 48, 51, 53, 76, 107, 117, 122, 124, 125
少子高齢化　19, 42, 123, 124
少子高齢社会　55
初期社会科　2, 5, 12, 48
食料生産に関わる人々の工夫や努力　58
資料活用　79
診断的評価　88
人物学習　45, 46
新聞づくり　71, 72, 80
スコープ　12
スプートニクショック　4, 67
生活科　5, 13
生活経験　1, 2, 69, 110
生産の仕事　54
精神の根源感情　26
切実感のある学び　104
総括的評価　88, 89, 94
総合社会科　2, 3, 9, 17, 41, 42
総合的な学習の時間　6
SocialStudies　1
租税に関する学習　61

■た行■

体験　77
体験的活動　71, 110
態度目標　26, 27
多角的同心円的拡大法　15
タブレット　82, 84, 85
単元　2, 47, 49, 68, 69, 70, 71, 88, 89, 91, 94, 95, 96, 98, 101, 103, 104, 111, 112
単元構成　97, 98
単元・授業構想の省察　117
地域学習　14, 20, 21, 24, 28, 30, 96, 126
地域の資源や学習環境　124
地球儀　36, 38, 108
「知識・技能」の評価　90, 113
地図記号　38
直接観察・調査活動　78, 79
地理的な見方・考え方　30, 31
地理歴史科　5
地歴融合　101, 103

通史学習　45
提案する社会科　68
低学年社会科の廃止　5
展開　68, 70, 75, 97
電子黒板　83
どう考えるか型課題（どう考える型の問い）　49
統計地図　38, 39
同心円的拡大主義　13, 14, 19, 21, 22
道徳教育　117, 118, 121
道徳の時間　117
導入　68, 69, 71, 75, 97, 98, 100, 108
導入教材　69
特別の教科　道徳（道徳科）　117, 118, 119, 120, 122
土地利用図　38
どのように型課題（どのように型の問い）　49, 70

■な行■

なぜ型課題（なぜ型の問い）　49, 70
日本遺産　40, 41, 43
日本国憲法　60, 61, 76, 112
人間形成　11, 26, 46
年表　108
能力目標　4
ノートづくり　80

■は行■

廃棄物を処理する事業　57
はいまわる社会科（経験主義）　3, 66
バージニアプラン　2, 13
パソコン　82, 84
話し合い活動　79, 80
パフォーマンス評価　94
販売の仕事　55, 103
比較カリキュラム　14
PDCAサイクル　88, 117
一人学習（個別学習）　74, 75
評価基準　91, 92, 93, 94
評価規準　91, 92, 93, 94, 113
評価項目　80, 89, 93, 94, 97, 116
表現活動　80, 81, 98

評定　87
開かれた学校　122
ヒントカード　77
ブルーナー　4, 67
プロジェクター　82, 83, 85, 86
文化遺産　40, 44, 45, 47
分化社会科　3, 9
ポスターセッション　80, 97
ポートフォリオ評価　91
本時の学習　95, 96, 97, 98, 115

■ま行■

間口は狭く、奥行きは広く　69
まちづくり学習　42
身近な地域　20, 21, 22, 23, 24, 25, 32, 43, 100, 101, 103, 106, 124
目標　96, 97, 104, 113, 118, 119
問題意識　69
問題解決学習　2, 3, 5, 66
問題解決的学習　67, 73, 109, 110
野外観察・調査（フィールドワーク）　78, 101, 102, 120
有用意識　47, 101
ゆとり　6
略地図　39
領土　22, 37
歴史博物館　110
歴史を学ぶ意味　47, 48, 49, 112
ロールプレイング・シミュレーション　80
ワンポイント巡検　101, 102
絶えざる経験の再構成　66
発見学習　67, 68

■人物■

朝倉隆太郎　24
シュプランガー　25, 26
デューイ　66
広岡亮蔵　67
ブルーム　87
ヘルバルト　66
水越敏行　67
ライン　66

[編 著]

佐藤　浩樹　神戸女子大学准教授
　1963年群馬県生まれ
　上越教育大学大学院学校教育専攻科教科・領域教育専攻社会系コース修了
　〈主な著書〉
　『小学校社会科カリキュラムの新構想―地理を基盤とした小学校社会科カリキュラムの提案』学文社，2019年／『地域の未来を考え提案する社会科学習』学芸図書，2006年

原口美貴子　白鷗大学講師(非)・育英大学講師(非)
　群馬県生まれ
　群馬大学大学院教育学研究科社会科教育専修修了
　〈主な著書〉
　『かるたをつくって遊ぼう！』国土社，2019年／『社会科教育と地域・国際化―群馬・新潟からの発信』あさを社，2005年（分担執筆）

菊地　達夫　北翔大学短期大学部教授
　1968年北海道生まれ
　駒澤大学大学院人文科学研究科（地理学専攻）博士後期課程退学
　〈主な著書〉
　「世界文化遺産を教材活用した授業実践の内容と効果―小学校社会科指導法を事例として」『地理教育研究の新展開』古今書院，2016年（分担執筆）／「保育者養成課程における地理的な巡検活動の内容と成果」『巡検学習・フィールドワーク学習の理論と実践』古今書院，2012年（分担執筆）

山口　幸男　群馬大学名誉教授
　1946年茨城県生まれ
　東京学芸大学大学院教育学研究科修士課程社会科教育専攻修了
　〈主な著書〉
　『社会科地理教育論』古今書院，2002年／『地理思想と地理教育論』学文社，2009年

テキスト初等社会科

2019年9月20日　第1版第1刷発行
2021年1月30日　第1版第2刷発行

編著者　佐藤浩樹・原口美貴子・菊地達夫・山口幸男

発行者　田中千津子　〒153-0064　東京都目黒区下目黒3-6-1
　　　　　　　　　　電話　03（3715）1501 代
発行所　株式会社 学文社　FAX　03（3715）2012
　　　　　　　　　　http://www.gakubunsha.com

© Hiroki SATO, Mikiko HARAGUCHI, Tatsuo KIKUCHI,
　Yukio YAMAGUCHI 2019

乱丁・落丁の場合は本社でお取替します。　　印刷　亜細亜印刷
定価はカバーに表示。

ISBN 978-4-7620-2914-1